ニ十一世紀の子供たちへ

稲盛和夫

君の思いは必ず実現する

財界研究所

はじめに

若い人たちに、わたしからぜひ伝えたいことがあります。

それは、人生は明るい希望を持ち、努力を続ければ、必ず道は開かれるということです。自分の生き方に迷い、どうにもならないようなつらい気持ちになったときであるからこそ、自分のやっていることに全力を傾け、さらに努力を続ける、そのことが自分の道をつくることになるのです。

わたしは九州の鹿児島の出身です。鹿児島大学を卒業して、郷里をあとにして京都で就職したのが二十三歳のときです。その後、二十七歳のときに七人の同志と一緒に現在の京セラである京都セラミックという会社をつくったわけですが、その京セラは、いまでは国内に一万四千人、海外を含めると五万人あまりの従業員を抱える大きな会社になりました。

しかしながら、それまでのわたしの人生は挫折ばかりでした。

最初の挫折は中学入試の失敗でした。翌年にもう一度、同じ中学を受験したのですが、またしても失敗し、結局すべり止めの学校に入ることになりました。大学入試では第一志望校の大阪大学にはねられ、入ることができたのは地元の鹿児島大学です。大学を卒業するときになって受けた就職試験もすべて不合格。担当教授の紹介で、やっと就職できましたが、その会社はいまにもつぶれそうな赤字続きの会社だったのです。

しかも最初に中学受験で失敗して、仕方なく当時あった二年制の尋常高等小学校（高等科一年）に通い、再び受験勉強をしているとき、結核というたいへんおそろしい病気にかかりました。叔父二人、叔母一人が結核で亡くなっていることもあって、わたしも死ぬのではないか、という不安と直面しながら毎日を過ごしていたものです。後になってわたしが心の領域に深い関心を抱くようになったのも、小さいころに死を意識したことがあったからかもしれません。

このように、若いころのわたしの人生というのは、挫折続きのままならないものでした。それでもひがまず、ひねくれずに頑張ることができたのは、そのつど、どこからか「運命の女神」が現れてわたしを支えてくれたからです。そうとしか思えないような人との出会いがあり、親子でもありえないような心の通い合いがありました。

結核で寝込んでいたわたしのかわりに中学の入学願書を届け、入試当日も付きそってくれた高等科の先生もおられました。高校の先生は「高校を卒業したら働きに出てくれ」と言っていた両親を説得し、一時は断念した大学進学の夢を実現させてくださいました。わたしの技術を世に送り出す会社をつくってやろう、と自分の家屋敷を抵当(注)に入れて、銀行からお金を借りてくださった京都の会社役員の方もおられました。このように人生のおりおりに感謝してもしきれないほどの大きな恩を受けた方が数多くおられるのです。その中のただ一人欠けても今日のわたしはなく、京セラもＫＤＤＩもなかっただろうと思います。

このように人生の節目でわたしは、多くの人の温情に支えられながら、ここまでやってきました。そうした人たちの期待に応えるためにも、わたしは会社をさらに立派にしよう、そして世のため人のために尽くしていきたい、と必死に努力してきました。

才能に乏しくても熱意があれば人に負けないはずだ。しかし、それ以上に大切なものがあるはずだ。それは心のあり方だ。人間として正しい考え方を持ち、目標に向かって一生懸命に努力すれば必ず夢は実現する、つまり、人生は心に描いたとおりになる、そう考えて、わたしは今日まで生きてきました。
わたしは、この本では、悩み多き若い日の自分を思い返しながら、そのような考え方について、みなさんにお話ししていこうと考えています。

…………

＊抵当＝借金が返せないときのために貸した人（会社）に差し出す財産。

君の思いは必ず実現する　二十一世紀の子供たちへ――目次

［第五章］不運にへこたれるな

［第六章］心をつくる

序章

人生は自分が描いたとおりになる

善きことを思う

「心に何を描くか」ということほど、人生において重要なものはありません。心に描く「思い」「考え」「夢」「ビジョン」「希望」、あるいは心に抱く「哲学」「理念」「思想」というものによって、その人の人生は決まってくるのです。

中国の袁了凡という人が書き残した『陰騭録』という本があります。この本に書かれているのは、人間には運命があるが、その人の考え方や、思いによって、その運命は変えることができるというものです。

これはいまから四百年ぐらい前の本で、中国の明の時代に書かれたものです。日本では豊臣秀吉が活躍していた時代です。少しその内容についてふれてみたいと思います。

袁了凡さんは、小さいころの名前を「学海」といいました。その学海少年のところに、あるとき白髪の老人が訪ねてきて「わたしは南の国で易を究めたものだ。この国にいる学海という少年に、わたし自身が究めてきた易の神髄を伝えるように、という天命(注)が下ったので、わざわざ訪ねてきた」と言いました。中国では易は古くからある学問で、人の運命を占ったりします。

老人は学海少年の家に泊めてもらいました。学海少年の家は、若くしてお父さんが亡くなり、いまはお母さんとの二人暮らしでした。そして、老人は少年と母親の二人を前にして、学海が将来どんな道に進むのかを占いました。

「お母さんは将来、学海君を医者にしようと思っていますね」

お母さんは、「はい、そのように思っています。わたしどもは祖父の代から医者の家系です。そして、若くして亡くなった、この子の父親も医者でした。ですから、この子も医者にしよう、と思っています」と答えました。

そうすると白髪の老人は「いや、この子は医者にはなりません。科挙の試験を受けて、立派な高級官僚として出世していくことになります」と言いました。科挙の試験というのは、古い時代の中国にあった、高級官僚になるための試験です。科挙の試験には、郡や県といったいくつかの地方試験があり、それぞれの段階を踏んで、さらに上に進む試験が続きます。

人それぞれに運命がある

老人は「この子は何歳のときに郡の試験を受け、何人中何番で合格するでしょう。また何歳のときには県の試験を受け、何人中何番で合格するでしょう。その何年か後には、さらに上の試験を受けますが、残念ながらその年は不合格になります。そして次の年に、もう一度試験を受けて、何人中何番で合格します。最後には最終の国家試験に受かり、中央の役人になるでしょう。そして若くして地方の長官になります」と話し、さらに「結婚はしますが、残念なことに子供は生まれません。そして五十三歳で天寿(注)を全うします。この子の運命はそうなっています」と話しました。学海は「変なことを言う老人だ」と思いながら、その話を聞いていました。

その後の学海は、老人の言っていたとおりの人生を歩んでいきます。科挙の試験を何人中何番目で合格するというところも、中央の役人になって若くして地方の長官になるというところも、すべて老人の言っていたとおりになるわけです。

若くして地方の長官に任命された学海は、赴任して早速、その地にある禅寺を訪ねました。雲谷禅師という有名な老師がいるお寺で、学海はかねてから、その老師に教えを請いたいと思っていたのです。その雲谷禅師も、新任の長官が優秀であることを知っていて、

「よく来てくださいました」と、学海長官を迎えて、「一緒に座禅でも組みましょう」と誘いました。そこで学海長官は老師とともに座禅を組みます。学海長官の座禅を見た老師は、たいへん感心しました。

老師の目に映った学海長官の座禅は、迷いが少しもなく、雑念妄想(注)のない澄みきった姿であったからです。老師は舌をまいて、「まだ若いのに立派な座禅です。相当しっかりした修行をしてこられましたね。どこで修行をされたのですか?」と声をかけました。

しかし学海長官は、「いいえ、特別な修行などしておりません。ただ、ご老師から雑念のない姿だと言われてみると、思いあたることがあります」と、少年のころに白髪の老人が訪ねてきて、自分の将来の運命について話したことを老師に伝えました。

そして、実際にそのとおりの人生になって、若くして長官にもなり、結婚はしたが子供には恵まれないというように、老人の話していた運命とまったく一致すること、そして五十三歳で寿命がくると聞いているから、今後、ああなりたいとか、こうなりたいという希望は何も持たず、自分の運命の命ずるままに、淡々と人生を生きていこうと思っている、だから、まったく雑念もなく座禅を組むことができる、といったことを老師に打ち明けました。

そうすると、それまで柔和な表情で聞いていた老師の顔が見る見るうちに厳しい毅然とした表情に変わり、「若くしてすばらしく聡明な、悟りを開いた賢人かと思ったが、あなたはそんな大馬鹿者だったのか。そんな愚か者だったのか」と学海長官を叱りとばしました。

「その老人があなたに言ったように、たしかに人間には運命があります。しかし、その運命のままに生きる馬鹿がいますか。運命は変えられるのです。善いことを思い、善いことをすれば、善い結果が出ます。悪いことを思い、悪いことをすれば、悪い結果が生まれます。そういう因果の法則が人生にはあり、その因果の法則を使うことで運命は変えられるのです」

学海は若くして長官になっただけあって、素直な人物だったようです。この老師の教えに大きな感銘を受け、礼を言って、その寺を後にしました。そして家に帰って、奥さんに老師から諭された話をしました。

「実は今日、ご老師にお会いしたら、こんな話をいただいた。だから今日からは自分はできるだけ、善いことを思い、善いことをしようと思う」

そうすると奥さんは、「あなたがそのように思うのなら、これからは二人で力を合わせて、少しでも善いことを思い、善いことをするように頑張ってみましょうね」と答えました。

『陰隲録』という本は、ここでガラッと場面が変わり、「了凡」と名をあらためた学海が、自分の息子に語りかける言葉が続きます。

「なあ、息子よ。実はお父さんの人生は、いま話したような不思議な人生だったんだよ。禅寺でご老師にお目にかかり、因果の法則というものを教えてもらってからは、いつもお母さんと二人で、少しでも善きことを思い、善きことをしようと心がけてきたんだ。そうしたら白髪の老人からは『生まれてこない』と言われていたお前が生まれ、五十三歳で死ぬと言われたわたしが七十歳を過ぎたいまも、こうして元気で生きているんだ」

わたしはこの話がとても好きで、よく人にも紹介します。わたしも人生とはこの話に出てくる老師の言うとおりだと思うのです。

人間には運命というものがあります。しかし、それは決して変えられないものではないのです。この話にも出てくるように、善いことを思い、善いことを行うことで、運命をより良いものに変えることができるのです。

そのとき、大事なことは、幸運であれ、災難であれ、人生で起こるいろいろなことは、神様が与えてくれた試練なのだ、と考えることです。その試練が幸運であったときは、それを「ありがとう」と素直に感謝の心で受け止め、慢心(注)せず、謙虚さを失わずさらに努力を続けることです。また、その試練が災難であったときには嘆かず、恨まず、腐らず、ねたまず、愚痴をこぼさず、ただひたすらに明るく前向きに努力を続けることです。

良いときも悪いときも、心の中に悪い思いを抱かず、善き思いを抱き続けることが人生では最も大切なことなのです。

＊天命＝天から与えられた使命。
＊天寿＝その人の持って生まれた寿命。
＊雑念妄想＝よけいな考えやまたそれを想像すること。
＊慢心＝おごりたかぶること。

第一章

無限の可能性がある

「人生はツイてないことばかりが続くものではありません。いいことと悪いことが、交代でやって来るのが人生です。だから、これからの社会を背負って立つ若いあなたは、つらいことがあってもくじけないでください。苦しいときの努力は必ず後に実を結び、あなたの人生を豊かにし、またあなた自身の人間性を高めてくれるはずです」

——（稲盛和夫）

京セラとＫＤＤＩが大発展する

わたしは鹿児島の大学を卒業して京都の碍子(注)をつくる会社に就職し、二十七歳のときに、独立して京セラという会社をつくりました。

京セラはファインセラミックス(注)の技術をベースとして誕生したメーカーです。現在では、そのファインセラミックスの特長をいかした京セラの各種部品は、コンピュータや、テレビやビデオといった数多くのエレクトロニクス製品の中で使われています。またその技術を応用して、エメラルドのような再結晶宝石や人工骨、太陽電池、さらには携帯電話やプリンタ、デジタルカメラなどの完成品もつくっています。

さらに、わたしは京セラの事業が軌道に乗った後、現在はＫＤＤＩとなっている第二電電（ＤＤＩ）という長距離電話の会社をつくりました。それまで日本の通信の世界には、いまのＮＴＴにあたる日本電信電話公社という巨大な企業だけが存在していて、電話料金、通信料金も現在と比べるとたいへん高いものでした。

そこで少しでも通信料金を下げるよう、一九八四年（昭和五十九年）、通信の自由化の波が訪れたときに、第二電電という新しい会社をつくって、新たに通信事業に挑戦したわけです。ＮＴＴは全国各地に張りめぐらされた通信網を持っているうえに、設備の発注などを通じてたくさんの企業に大きな影響力を持っていました。通信自由化の時代が来たといっても、そのＮＴＴに対抗する新しい会社をつくることは、たいへん大きな冒険でしたが、ＮＴＴと競合する新しい通信会社ができれば、そこに新たに競争が起きることになり、日本の電話料金の水準を下げることにつながります。

わたしは文字どおり開拓者のような気持ちで第二電電をつくり、また後にはセルラー会社（現・ａｕ）をつくって携帯電話の事業を始めたわけです。その第二電電はトヨタ自動車が始めた移動体通信会社のＩＤＯや、国際電話会社のＫＤＤなどを合併し、現在はＫＤＤＩになっています。

まえがきで述べましたように、二〇〇四年の時点で、国内、海外を含めた京セラの全従業員は五万人を超えています。京セラグループの二〇〇四年三月期、つまり二〇〇三年の四月から二〇〇四年三月までの一年間の売上高は約一兆一千四百億円です。ＫＤＤＩ

京セラとKDDIが大発展する

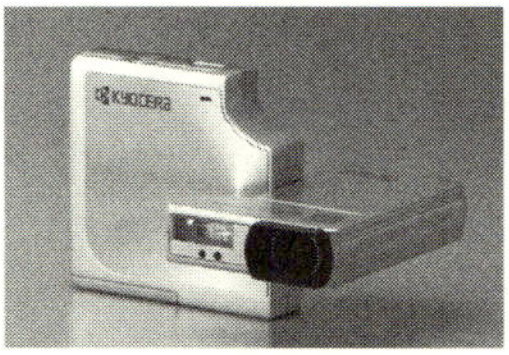
デジタルカメラ
「Finecam SL400R」

レーザープリンタ「KM-3531」

京セラの代表的な製品

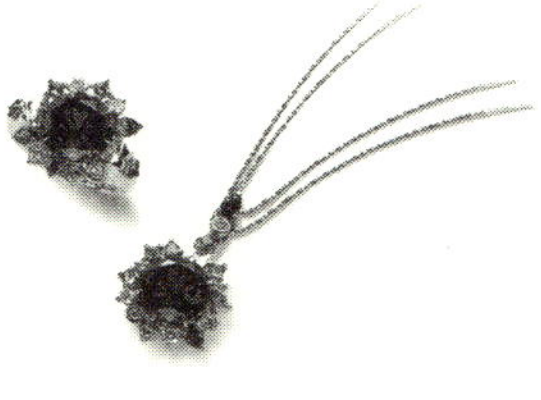
再結晶宝石「バイオレットサファイア」

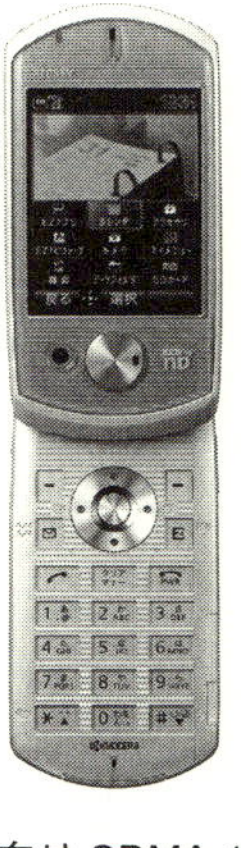
au向け CDMA 1X
携帯電話「A5502K」

グループの売上高は約二兆八千五百億円になりますから、合わせると四兆円規模になります。この京セラグループやＫＤＤＩグループが提供している商品、あるいはサービスは、広い分野で世の中に役立っています。また、これらの企業の利益の中から税金が支払われ、それが、福祉など、社会のさまざまなところで使われています。

このように、わたしが創業した京セラもＫＤＤＩも、現在ではたいへん大きな会社になっているのですが、最初は何もありませんでした。わたしはまさにゼロからスタートし、自分の努力はいつか実ることを信じて、不安になる自分を励ましながら、ひたすらに努力してきただけなのです。また、そんなわたしを多くの方々が支え導いてくれたことで、現在の京セラグループやＫＤＤＩグループがあるわけです。

多感な少年時代

このように、人生には無限の可能性があります。わたし自身の人生を振り返ることで、それをみなさんに理解していただきたいと思います。

わたしは一九三二年（昭和七年）一月二十一日に鹿児島市の薬師町というところで、七人兄弟の二男として生まれました。家業に忙しかった親がなかなか役所に届けに行けなかったことから、戸籍のうえでの誕生日は三十日になっています。

薬師町は、鹿児島市のほぼ中央にある城山のすぐ下を流れる甲突川のほとりにあり、家は印刷業をやっていました。はじめは印刷屋に勤めていた父が、中古の印刷機械を譲ってもらい、自宅の離れを作業場にして独立したころにわたしが生まれたのです。子供のころに、毎日聞いていた印刷機械の音は、いまも耳に残っています。徹夜してでも納期を守る父のまじめな仕事ぶりが評価され、仕事はどんどん増えていったようです。しかし、戦争の空襲で工場を失ってしまい、仕事ができなくなってしまいました。

父は職人気質で、慎重な性格でしたので、母が、父に以前のように印刷屋を再開してほしい、と頼んでも、「うん」とは言いませんでした。そのためには新しく印刷機械を買わなければならず、かなりの借金をしなければならなかったからです。石橋を叩いても渡らないような慎重な性格の父に金を借りようという気持ちはおこらず、結局、母がいくら勧めても、首を縦に振ることはありませんでした。わたしも借金が嫌いで、会社の経営でも借金をしないことを信条としているのですが、このあたりは父に似たのかな、という気がします。

家の印刷所には近所のおばさんたちも手伝いにきていましたが、夜遅くなることも多く、そんなときは働いてくれている人と家族が一緒になってにぎやかな食卓を囲む、ということもありました。わたしの母は家事はもちろんのこと、そんな近所のおばさんたちの仕事の割り振りまで仕切るしっかり者で、どんなつらい逆境にあってもくじけず、つねに明るさを忘れない人でした。わたしの明るい楽天的な性格は母譲りです。母には、わたしが外でケンカして負けてこようものなら「敵討ちしてこい」とほうきを持たせて家を追い出してしまうような、勝気なところもありました。

鹿児島の家庭は亭主関白(注)といわれていますが、実際には家の外では夫を立てながら、家庭の中では実権をにぎり、しっかり取り仕切るという奥さんが多いようです。わたしの母も、そういう人でした。

子供のころの楽しかった思い出はたくさんあります。印象的なのは、ビワ狩りです。現在では直接のビワの木から実をとって食べるということはほとんどないでしょうが、昔

母と兄とともに（著者五歳、左）

は田舎の子供であれば、誰もがそうやって食べていました。わたしの家でも、たまには仕事を休み、家族でそろって桜島にビワ狩りに出かけることがありました。そのころの桜島には、ふもと一面に自生のビワ林が広がっていて、まずはみんなでお腹いっぱいになるまでビワを食べ、それからリュックサックいっぱいに詰めこんでお土産にしたものです。

ふだんの遊び相手は、もっぱら兄でした。兄は魚を獲るのがたいへん上手で、自宅近くの甲突川にバケツを持ってよくついて行きました。兄がエビやフナをつぎつぎと網ですくいあげてはバケツに放り込むのを、わたしは隣でわくわくしながら見ていたものです。ときには、大人の腕よりも大きなコイを獲ったこともあります。わたしは一匹も獲っていないのに、近所の子供がうらやましそうにバケツをのぞき込むのが、自分でも誇らしかったことを思い出します。川エビを殻をつけたまま母に鍋で甘辛く炊いてもらったことも、懐かしい思い出です。

この母の思い出もたくさんあります。鹿児島では小学五年生ごろになると、毎年十二月の赤穂浪士(注)の討ち入りの日の夕方、学校の講堂に集まり、板張りの床に正座させられて、校長先生から「赤穂義士伝」の朗読を聞かされました。鹿児島は暖かい地方ですが、十

妹の七五三にて、小学三年生の著者（後列左）

二月の夜ともなるとさすがに冷えこみます。そんな季節に講堂の冷たい板張りの床に正座しているわけですから、寒いのと足のしびれで、話を聞くどころではありません。それが夜の十時ごろまで続くのです。終わるころには、体も冷えきってしまいます。

凍えながら家に帰ると、母がぜんざいをつくって待ってくれていました。母の愛情がたっぷりとこもったぜんざいの甘い香りと、ものも言わずにお椀に顔を突っ込んで食べるわたしを温かく見守る母の笑顔は忘れられません。いまでもぜんざいを前にすると、母のことを思い出します。

小学校に上がる前のわたしは、一度泣き出したら三時間は泣きやまないという、たいへんな泣き虫でした。泣いてもかまってもらえないことがほとんどでしたから、反発して床にひっくり返り、さらに泣き続ける。たいへん手のかかる子供だったようです。

この幼いときからの泣き虫のほうはすぐには治らず、はじめはなかなか一人で学校に行けませんでした。わたしは家では威張っていたのですが、外に出るとからっきし元気のない内弁慶(注)だったのです。

入学式は母と一緒でしたから、問題はありません。ところが、次の日、一人で行かなければならないとわかると、「学校には行かない」と泣き出してしまい、入学式から一週間ぐらいは母に連れられて登校していました。

そうやって内弁慶で人見知り（ひとみし）もする一方、やんちゃな面もありました。しばらく学校に行っていると友だちもできて、学校もおもしろくなってきました。というよりは、友だちとの遊びのほうがおもしろくなっていった、というほうが正しいのだと思います。

わたしが小学生だったのは、太平洋戦争（たいへいようせんそう）が始まるよりずっと以前のことですから、いまのような遊び道具はほとんどありません。家のそばの川で友だちと魚を獲ったり、戦争ごっこをしたりと、工夫（くふう）をしながら遊んでいました。

小学校に入ったころは、成績（せいせき）も結構（けっこう）よかったと思います。母の話では入学したてのころの通知票は、甲乙丙（こうおつへい）(注)の「甲」が並（なら）んでいたようです。

しかし、そういった遊びのほうが勉強よりおもしろかったために、その後は卒業まで、ほとんど勉強をしませんでした。両親も「勉強しろ」とは言いません。それをいいことに、わたしは毎日遊びほうけていたのです。

結核にかかる

振り返ってみると、小学校時代のわたしは自然とたわむれながら過ごしていました。川の水は澄み、夏になればふんどし一丁で泳ぎ、見上げればうっそうとした木々に囲まれた城山がそびえるというように、町中とは思えない豊かな自然に恵まれながら、わたしは自分の心のひな形をつくりあげていったのです。

鹿児島市立西田小学校を卒業する一九四四年（昭和十九年）の春、わたしは迷うことなく、地元の名門である鹿児島第一中学校を受験しました。入学当初は甲がほとんどだったのに、卒業のころには乙ばかり、というさえない成績でしたが、クラスの平均以上の子はほとんど一中を志望していましたから、わたしも試験で頑張れば何とかなるだろうと軽く思っていたのです。

しかし、結果は不合格でした。担任の先生から目をつけられ、「お前は絶対に受かるはずがない」と言われていたとおりになってしまいました。ついこの前までは子分だった友だちや、もっとできが悪かったはずの同級生、気にくわなかった裕福な家庭の子がみんな一中に入れたのに、わたしだけが不合格だったのです。やむなくわたしは尋常高等小学校（高等科）に入学し、翌年また一中を受験しようと考えたわけですが、それでも小学校の同級生たちが一中の制服姿で颯爽と歩いているのを見るたび、みじめな思いがしました。そうやってくよくよしていたのが悪かったのか、高等科に入った年の暮にわたしは結核にかかってしまったのです。

中国の満洲(注)で警察官をしていた叔父が日本に一時帰国し、わたしの家にいたときに、その叔父からシラミをもらったらしく、体中食われたうえに発熱して、わたしは寝込んでしまいました。もし結核だったらたいへんだ、ということで母に病院に連れて行かれ診察を受けたところ、結核の初期症状である肺浸潤だとわかったのです。

結核を心配していたのには理由がありました。家の離れにいた父のすぐ下の弟夫婦がともに結核で亡くなり、その後、父の一番末の弟までが血を吐いて療養中だったからです。当時は結核は不治の病とされていて、患者が出た家は周囲に知られないように家族で看病していました。

「このまま自分も叔父さんのように血を吐いて痩せていくのか」と不安にかられながら熱にうなされていたときに、隣の奥さんが生け垣越しに声をかけてくれ、「この本を読んでごらんなさい」と、黒の革表紙に金色でタイトルが刷り込まれた分厚い本を渡してくれました。それは当時の新興宗教「生長の家」の指導者である谷口雅春という人が書いた『生命の実相』という本でした。

大人向けの本でしたが、死を意識していたわたしは、むさぼるように読みふけりました。その中に「われわれの心の内にはそれを引き寄せる磁石があって、周囲から剣でもピストルでも災難でも病気でも失業でも引き寄せるのであります」という一文がありました。この言葉に、そういえば、と思いあたることがありました。

わたしは結核の叔父がいる離れの前を通るとき、感染するのがこわくていつも鼻をつまんで走り抜けていました。医学の本を借りてきて少し自分でも勉強し、結核菌は空気を通じて感染するということを知っていたからです。それで鼻をつまんで走り抜けていたのですが、そこは子供だったため、走り抜ける前に息がつまってしまい、どうしても鼻から手を離してしまいます。逆に苦しくなって離れの前で思い切り深呼吸する始末でした。しかし、そんなわたしとは違って、兄は「そんなに簡単にうつるものか」とまったく気にする様子もなく、父もずっとそばで叔父の面倒を見ていました。

叔父が助からないとなると、父は母に「あとは自分がやるからお前はもう弟の世話はしなくていい。離れには行くな」と伝えていました。結核という病気は、末期には結核菌が異常に増えます。父はそれを承知したうえで看病していました。その父も、平然と離れの前を歩いていた兄も平気だったのに、誰よりも注意していたはずのわたしだけが結核にかかってしまったのです。

結核がうつってはたいへんだと、その場所から逃げよう逃げようとしていたわたしがそういう目に合ったのは、自分のことだけを考え、結核を避けようとする、わたしの弱い心が災いを呼び込んでしまったのではないかと思いました。

自分のことはかえりみず、弟の面倒を最後までみた、大きな愛を持った父には結核菌は取り付きもしません。しかし、逃げ回っていたわたしには取り付いたのです。わたしは子供ながらに大いに反省したことをいまもおぼえています。この谷口さんの『生命の実相』との出会いは、わたしに心のありようを考えるきっかけを与えてくれました。

結核にかかったことは、いまにして思えば、そのような貴重な体験を神様が与えてくれたのだろうという気がします。しかし、そのときは叔父が死に、叔母が死ぬのを目のあたりにしていましたから、自分もそうなっていくのか、と不安にくれる毎日でした。そんなわたしが助かることができたのは、やはり心のありようが変わったせいかもしれません。戦争で空襲が激しくなって、寝込んでいるわけにはいかず、とにかく生きようと逃げまわっているうちに、だんだん元気になっていったのです。

恩師との出会い、そして大空襲

明けて一九四五年（昭和二十年）には鹿児島にも空襲警報が鳴り響くようになってきました。そんなある日、尋常高等小学校の担任の土井先生が「和夫君は見どころがありますよ」ともう一度、鹿児島一中に挑戦するよう両親を説得してくれました。

さらに土井先生は結核の療養中で身体の弱ったわたしにかわって、一中まで入学願書を届けてくださり、試験当日もわたしを引っ張っていき、付き添ってくれました。

しかし合格発表の日に張り出された合格者名簿に、またもわたしの名前はありません。自分の不運に、わたしは暗くなるばかりでした。微熱が続いていたので家に帰って寝ていたところ、また空襲警報が鳴り響きました。その最中に防空頭巾をかぶった土井先生がやってきて、「男ならあきらめるな、まだ道はある」と励ましてくれました。それだけではなく、先生は私立の鹿児島中等学校の受験手続きまでしてくれていたのです。

「今日が願書のしめ切り日だ。とにかく受けてみなさい」と勧めてもらったのですが、一中に二回もすべり、しかも療養中だったこともあって、わたしの気持ちは落ち込んでおり、「もう結構です」と言いたいところでした。

家族も、就職するしかない、と思っていたのですが、先生の熱意で受験することになり、ようやく中学に進学することができたのです。あのときの土井先生の励ましがなかったら、その後のわたしはどうなっていただろうと思います。

こうした温かい励ましがあって、わたしは一九四五年（昭和二十年）の春に鹿児島中学に入学しました。一年遅れの中学進学でしたが、終戦の直前で、空襲も激しさを増し、とても勉強する雰囲気ではありませんでした。とくに六月十七日の大空襲では鹿児島市の大半が焼き払われてしまいました。

その大空襲の前々日に、結核で痩せ細っていた父の一番下の弟である叔父が亡くなりました。空襲があるたびに、父は足腰の弱った叔父を庭にある防空壕に連れて行こうとしていましたが、いつも叔父は「いや、兄さん、防空壕には入らなくてもいい。甥や姪に病気をうつしてはいけないから、僕はいい。大丈夫だからこのまま家で寝ている」と言っていました。

死期が近づき、ひなたぼっこをしている叔父は、本当に悟りを開いたような姿で、表情も透き通るようなすばらしいものに変わっていました。

その叔父が亡くなり、父の里に疎開していた母や妹たちが、葬式のために一時、家に戻ってきました。火葬場で荼毘にふし、みんなで精進落としの食事をとって休んでいた深夜、その大空襲があったのです。みんな庭にあった防空壕に逃げ込みましたが、祖父が脳溢血で倒れたうえに、中風(注)で手足が不自由だったため、父が背負って防空壕に逃げました。

父は子供のころに川に落ちて中耳炎になったせいで片方の耳が遠く、幸か不幸か兵役検査に不合格となったので、戦時中は戦地に行かず地元で消防団長もつとめていたのです。

みんなで逃げ込んだわたしの家の防空壕は、いまのわたしの背丈よりも高く掘り込んであり、支柱や階段もついていて、近所の中でも一番頑丈なものでした。

家族全員、なんとか防空壕に逃げ込みましたが、空襲はどんどん激しくなります。父と兄が空を見て、「空は真っ赤で鹿児島は全滅だ。火もこちらに近づいてきていて、このままここにいては焼け焦げてしまうから出よう」と言って、父がまた祖父を背中に負って、防空頭巾を水に浸してからかぶり、逃げ出しました。わたしも母と一緒に、防火用水で濡らした毛布を頭からかぶって逃げました。水を含んだ毛布がずっしりと重かったことをよくおぼえています。

川のほとりに出てみると、川下から大勢の人が逃げてきます。向こう岸は火の海で、川の向こうからみんなが血だらけになってこちらに上がってきました。その人たちがまだ上がりきらないうちに、第二波、第三波の攻撃がやってきて、対岸にダッダッダッと焼夷弾を落とし、油脂が飛び散って火がバンバン吹きます。人が火だるまになって転げ回るのが、こちらの岸から真昼のように見えるのです。すさまじい焼夷弾投下でした。そんな地獄のようなおそろしい光景を目にしながら、今度はこっちに爆弾が落とされるかもしれない、と逃げ回るわけです。

そのとき逃げながら、わたしは亡くなった叔父のことを思いました。「苦労して最後は澄みきったような表情をしていた叔父は、今日の大空襲があることを知ったうえで、おといい死んでくれたのだな」と。

末期の叔父は「甥や姪に病気をうつしてはいけないから、防空壕には入らない」と言っていましたが、父の性格では、自分の弟を置いて逃げるわけにはいかなかったはずです。中風の父と重病の弟を抱えてはとても逃げきれなかったでしょう。それで、少しでも父の負担にならないようにと、大空襲の前に死んでいってくれたのかもしれない、と考えながら逃げたことを思い出します。

その大空襲を受けても奇跡的に焼け残っていたわたしの家も、終戦の日の前々日の八月十三日の爆撃で焼かれてしまいました。結核で弱っていたわたしでしたが、こうやって爆撃から必死で逃げ回っているうちに、どういうわけか少しずつよくなっていったのです。

さて、家も焼かれてしまい、印刷機も失って、戦後はわたしたちも疎開先に転がりこんだわけですが、たいへんなインフレ(注)になって父の持っていたお金はみるみるうちに減っていきました。さらに追い打ちをかけるように、新円発行で新しいお札が一人あたりいくら、という形で配られて、古いお札は使えなくなったため、父が残していたお金は、何の価値もなくなってしまったのです。こうして、わたしたちの家は次第に生活が苦しくなってきました。そこで、ドラム缶で海水を沸かしてつくった自家製の塩を売ってお金を稼いだり、母もヤミ市のようなところに自分の着物を持って行き、田舎の人に売って、かわりに米をもらってくるなどして、われわれを食べさせてくれました。

戦後の混乱の中を懸命に生きる

戦後の日本は本当に貧しく、みんな栄養失調のようになっていました。そんな中、進駐軍が食料を放出してくれ、学校にも配給がありました。半分に切って短くしたドラム缶にお湯を入れ、そこで「牛缶」と呼んでいた牛肉の缶詰を温めて、一人に一個ずつくれたのですが、あのときの牛缶というのは、とろけるような味で、本当によだれが出るくらいおいしいものでした。いまのコンビーフのようなものです。

とにかくその当時は食べるものがなく、生徒も開墾に駆り出され、サツマイモなどを植える作業を行いました。ある日、坂道を登ったところでの農作業で、お腹は空くわ、喉が渇いても飲み水はないわで、みんな疲れ果ててしまっていました。そこで、「焼きイモにして栄養を摂らせてもらおう」と、四、五人で近所のサツマイモを盗み出し、開墾していた場所の隅に火を焚いて、サツマイモを放り込みました。煙が出て先生に見つかってはたいへんだから慎重に焼こう、ということで一人が一生懸命煙を散らしていたのですが、やがてにおいで先生が気づいてしまいました。

こっぴどく怒られ、サツマイモも没収されて、「みんな食べられないのだから」と目の前で踏みつぶされたこともありました。

戦後は鹿児島の中心部が焼け野原になってしまったので、そのまま疎開先で家を借りることになったのですが、そこの床下で焼酎の密造を始めました。わたしも宮崎県の都城の麹屋さんまで、焼酎用の麹を買いに行きました。米粒に真っ白な菌株が生えたような、生きた米麹を一升、二升と買っては腹巻きに包んで、肩に巻いて帰ってきました。その麹にサツマイモをふかし、つぶして冷えた状態のものを混ぜ、壺に密封してしばらく置いていると、発酵してブドウ糖になり、それがやがてアルコールになるのです。あまり放っておくと酸化して酸っぱくなってしまうので、ころ合いを見て蒸留します。最初は水のような焼酎が出て、しばらくするとアルコール度数の高いウォッカのような強い酒が出てきて、さらに続けていると、アルコール度数の低い焼酎が出てきます。それを大きな桶に入れてブレンドしてアルコール度数を合わせるのです。

わたしは、鹿児島市内の度量衡屋さん(注)に行って、比重計を買ってきて、それで比重を測りながら正確に一定のアルコール度数にしていました。

売りに行くときは水枕に二升か三升入れて、それを体の前と後ろに背負って出かけるわけです。当時はいくらでも買い手がありましたが、夜どおし蒸留してイモ独特の強いにおいがしていましたから、近所にバレるとたいへんだ、とやめてしまいました。

疎開先から市内の鹿児島中学に通ったわけですが、遠いため、いつも国道を行き来するトラックに乗せてもらって通学していました。お金を取るトラックもあれば、ただ乗りできるトラックもありました。とにかく朝、出るトラックにみんなが鈴なりに乗って行くわけです。昔のトラックは荷台につかまるところが少なく、運転が乱暴だとカーブを曲がるときにみんな田んぼに振り落とされたものでした。

その後、体が元どおりに元気になってからは、勉強にも少しずつ精を出すようになりました。もうみじめな思いはしたくなかったため、成績の悪かった数学を中心に、小学校の五、六年の教科書も引っ張り出してやり直しました。それ以来、数学が逆に得意科目になりました。

進学への思いと紙袋販売

中学三年のときに現在の六・三・三制という教育制度に変わり、旧制中学は新制中学と新制高校に分かれました。父はわたしが働いてくれるものと期待していましたし、わたしも中学を卒業したら就職をしようと思っていました。そのころ、兄は旧制中学を卒業して国鉄に勤めていましたし、両親が苦労しているのだから、次男坊であるわたしも、中学を卒業したら就職して両親の生活を少しでも支えなければと思っていたのです。しかし、新しい制度になって、クラスのみんなも新制高校に行くようでしたので、自分も新制

高校時代、親友とともに（著者左）

高校に進みたいと思うようになりました。

そう考えていたところ、校長で数学も教えていた辛島先生が、「君も新制高校へ行きなさい」と薦めてくれたのです。兄弟も多く家計が苦しいことは理解していたのですが、まわりの仲間がほとんど進学すると聞いてわたしは迷いました。父は「お前も働いてくれ」と言います。それでも、高校を卒業したら必ず就職するから、と頼み込んで、わたしは新制高校の鹿児島市立第三高等学校に進学させてもらいました。偶然にも、辛島先生もこの鹿児島第三高等学校に移り、担任になりました。

その鹿児島第三高等学校は、まもなくして鹿児島商業高校に変わります。そこで二年後に辛島先生ともども新制の玉龍高校に移りました。三年生に編入したので、わたしは玉龍高校の第一期の卒業生ということになります。

大学に進学するつもりはなく、高校を出たら地元の鹿児島銀行に就職したい、と思っていました。そのため、授業が終わった後は仲間と夕方遅くまで、草野球に熱中していました。その様子に米の行商までしていた母が、「苦労して高校に行かせたのに遊びほうけてばかりいる」と怒り出しました。

母のこの言葉を聞いて、わたしは猛反省して野球をやめて、父が内職でつくっていた紙袋の行商を始めました。戦前は印刷の他に紙袋の製造もしていて、自動製袋機が入る前は近所のおばさんたちを雇って手作業でつくっていましたから、それを再開したのです。父が包丁を使って数百枚ぐらいの紙を一気に裁断し、それをおばさんたちがサイズ別に折って、糊付けしてつくっていました。その記憶がありましたから、父に「お父さん、また紙袋をやろう。僕が売ってくるから」と持ちかけたわけです。

こうして大小十種類ぐらいの紙袋をつくって、わたしが竹で編んだ籠に積み上げて、自転車の荷台に載せて売りに行ったのですが、昔の自転車の荷台は大きく、そこに山のように積み込んだものですから、スタンドを蹴ってこぎ出すと、紙袋の重さで前輪が浮きあがったほどでした。

最初は手当たり次第に商店の店先に飛び込んだりしていたのですが、効率がよくないので、鹿児島市内を七つに分けて、曜日を決めて週に一回、同じ地域を回るようにしました。平日は学校が終わると、すぐに家に帰り、自転車を駆る。日曜も朝からペダルを踏んで、大手の菓子屋さんから路地裏の駄菓子屋さんにいたるまで、つぎつぎと得意先を開拓していきました。おそれを知らぬ猛烈営業マンのようですが、ときにガラガラと戸を開けて「ごめんください」と大声を張り上げると、わたしと同じ年ごろの女の子が出てきて、恥ずかしさに顔を真っ赤に染め、ものも言わずに逃げ出したこともあります。

当時の鹿児島市内には大きなヤミ市が五、六カ所あり、そこに行けばまとまった商売になりました。どこも威勢のいいおばさんが仕切っていましたが、何度か通ううちに「坊や、坊や」とひいきにしてくれるようになり、ときどき袋が売れ残っていると、「みんな置いておき」と買い上げてくれました。さらに顔なじみになったおばさんは、他のおばさんたちもどんどん紹介してくれて、わたしは「袋売りの坊や」と呼ばれ、ヤミ市ではすっかり有名になりました。

ある日、いつものように袋をいっぱい積んだ自転車をこいでいると、ある店先でおばさんに呼び止められました。「あんたかい、紙袋を売っとる坊やは。ここは菓子の問屋で、鹿児島中の駄菓子屋さんが仕入れに来るよ。袋も一緒にほしい、と頼まれることが多いから、うちに紙袋を入れたら何倍も売れるようになるよ」と言ってくれました。棚にいろんなサイズの紙袋を置き、なくなったら補充すればいい、という話です。こんなうまい話が

「紙袋はいりませんか？」

あるのかとわたしは思いました。そのぶん、値段のほうは叩かれましたが、この問屋という商売を通じて、流通の一端を垣間見たのです。

そのうち、うわさを聞いた他の菓子問屋からも同じような注文が舞い込むようになり、県下のかなりの菓子問屋に稲盛製の紙袋が届くようになりました。大量の注文にわたしも父も超多忙になり、お手伝いさんとして中学を卒業したばかりの子を雇い、その子のために自転車も買いました。

わたしは自転車のサドルにずた袋を提げ、集金した売上金をそこに突っ込んで帰っていました。いつもあふれんばかりになった現金袋を、帰ってから父に渡すと、父がそろばんを片手に長い時間をかけて勘定していました。素人の商売としては大成功で、わたしの一気の攻勢に福岡の紙袋業者が撤退したという話も聞きました。ただ、採算はあまり考えず、ヤミ市のおばさんから、「もっとまけて」と言われれば、ついつい応じていましたので、緻密に計算して値付けをしていれば収益はもっと多かっただろう、と思います。ただ、いま振り返ってみても、この紙袋売りは貴重な体験でした。わたしのその後の事業の原点は、この紙袋の行商にあるといってもよいほどです。

しかし、新制高校の三年になった時点で、この仕事は従業員込みで兄に譲り、わたしは勉強に専念することにしました。高校を卒業したら就職しようと思っていたわたしに、またも辛島先生が「高校で終わるのはもったいないじゃないか。稲盛君、大学進学を目指して頑張れよ」と言ってくれたからです。

わたしの蛍雪時代

学校が終わってからは、野球に熱中したり、野球をやめてからは、紙袋の販売に精を出していたわたしは、それまで大学受験の勉強をしてきませんでした。一方、仲のよかった友だちは、わたしが紙袋を売って働いている間も受験勉強に励んでいます。正直、そういう友だちがうらやましいな、と思ったこともありました。

あるとき、その友人が持っていた『蛍雪時代』という受験雑誌を見せてもらいました。大学への進学という夢をかきたてるような受験生向けの雑誌です。わたしはその友だちが読んでいらなくなったバックナンバーの『蛍雪時代』を借りて帰り、深夜に読みふけり、大学へ進学したいという思いを強くしていきました。

高校でも「お前は大学はどうする」といった話題が多くなってきて、わたしはますます大学に行きたいと考えるようになりました。兄も「和夫だけは大学にやらせてくれ」と父母に頼んでくれました。そうすると、普段はおとなしい父が、「高校だけというから許したのに、今度は大学か」と怒鳴るのです。見かねた辛島先生がわたしの家にまで来てくださって、そんな父に「和夫君を大学に行かせてやってほしい」と頼んでくれました。

先生が帰った後、父からは「大学といっても帝大ならいいが、そうでなかったらやめておけ」と言われました。父のいう帝大というのは九州大学です。父は難関大学の名前をわざと出して、大学受験をあきらめさせるつもりで言ったのだと思います。それならと、学校で先生に「九大を受けてみようと思います」と相談したところ、「福岡まで出るぐらいなら、思い切って阪大（大阪大学）を受けてみたらどうだ」と言われました。というのは、おそらく全国一斉に行われた進学のための適性試験で、わたしが県下でも有数の好成績だったからだろうと思います。

大学受験をめざすようになってから、わたしは友人が寝ているような時間まで、必死で勉強していました。高校時代の前半は勉強時間が少なかったわたしですが、そのようにして、誰よりも懸命に勉強を続けたことで、全国一斉の進学適性試験でいい成績が取れたのだろうと思います。

阪大受験に失敗し、鹿児島大学に

わたしは結核を体験していたこともあって、大学に行くなら医学部の薬学科に行って、新しい薬をつくる研究者になろうと思っていました。そこで夜行列車で大阪に向かい、大阪大学の医学部を受験しました。田舎の新制高校出身といっても、この大学受験だけは、かなり勉強を重ねたこともあって、「今度こそは」という自信がありました。

それが予想に反して、またも不合格でした。旧制中学の受験で失敗し、その経験を教訓にして猛勉強したのに、大学受験も失敗に終わり、大きなショックを受けました。浪人する余裕などありませんから、すべり止めで試験日が遅い県立の鹿児島大学の工学部を受け、何とか合格することができました。

鹿児島大学は後に国立になります。その工学部応用化学科で医学・薬学とも関係のある有機化学を専攻しながら、一年間は鹿児島大学に通って、翌年もう一度、阪大を受けようと思いました。しかし家に余裕がないため、そういうわけにもいきません。鹿児島大学に行くだけでもたいへんなわけですから、阪大再受験は実現しませんでした。

当時の鹿児島大学工学部には、化学、電気、機械、建築の四つの学科がありましたが、工学部全体でも同級生は六十人から七十人と少なかったため、学科の隔てなくお互いに仲良く集まっていました。そんな中、わたしと同じ化学科の同級生の一人に、学校に来ないでパチンコばかりしていた友人がいました。

大学卒業後は商社に入り、ずっとエレクトロニクス関連の仕事をすることになる彼は、わたしよりも一歳年上で、落第したためにわたしと同じクラスになったぐらいですから、遊び人で、毎日のようにパチンコ屋に通っていました。

そのころのわたしはいわゆるガリ勉で、パチンコなんてしたこともありません。そんなまじめなわたしを見て、彼がパチンコに誘ってくれたことがありました。

「稲盛君、パチンコをしたことがあるかい」

「いや、ない」

「それなら連れて行ってやろう」

彼は鹿児島で一番の繁華街にあるパチンコ屋にわたしを連れて行きました。そして、「君もやってみろ」とわたしに百円か二百円の遊び金をくれたのです。当時のパチンコというのは、玉を一つずつ穴から入れて手動で打っていました。正直な話、わたしはパチンコ屋なんて行きたくありませんでした。毎日、図書館に行って勉強していたぐらいでしたから、遊び人である彼のことを「こんな風に、だらしがないから勉強もできないし、落第もするんだ」と少々見下していました。ところが誘いを断り切れず、ついて行くハメになったわけです。

早く帰って勉強したいな、と思いながらパチンコ台に向かって打っていると、あれよあれよという間もなく負けていきます。かたや落第友人のほうは調子がよくて、箱が玉で一杯になっています。しばらく彼の様子を見ていましたが、うるさくて雰囲気も気に入らないため、「もう負けたから帰る」と言ってその日は帰りました。

「ビックリうどん」の味

ところが何日かすると、また「おい、パチンコに行こう」と彼が誘ってきたのです。イヤだと思いましたが、やむをえず一緒に行くとまた負けました。そしてまた彼の肩を叩いて「帰るわ」と言って帰りました。

たしか三度目になったころ、わたしがまた「帰るわ」と言うと、彼が「稲盛君、ちょっと待てよ。もう少しで終わるから」と言ってわたしを引き留めたのです。

その日は、もう一人、わたしよりも背の高い「鉄五郎」というあだ名の遊び人も一緒にいて、その男も負けてボーッと立っていました。ろくに勉強もしない鉄五郎と並んで立っているわけですから、わたしはイヤな顔をしていただろうと思います。

ようやく一緒にパチンコ屋を出ると、彼は隣にあった大きな食堂につかつかと入っていくのです。大きいとはいっても、昭和二十年代のことですから、掘っ建て小屋のような食堂ですが、そこには「ビックリうどん」という、うどん玉が二つ入った名物メニューがあって、当時ではなかなかのごちそうでした。彼はその「ビックリうどん」を鉄五郎とわたしにごちそうしてくれたのです。

その日のパチンコで自分が勝ち取ったものを独り占めするのではなく、その分け前を友人にもお裾分けするという彼の行為に、わたしは頭を殴られたような衝撃を受けました。毎日、学校と図書館しか行き来していない同級生を誘い、自分のお金を出して社会見学をさせ、つまらなそうにしていると、自分がパチンコで勝ったお金でごちそうまでしてくれる。それまで「遊んでばかりいるから落第したりするんだ」と軽蔑さえしていた彼が、とたんに大きな人物に見えてきたのです。

それに比べて自分は、「お前も楽しめよ」とお金までもらって遊ばせてもらっていたのに、それを楽しもうともせず、負けたらさっさと帰っていく。「自分は何と器量の小さい男か。まだまだ人間ができていないな」と、反省しました。

その後、大学四年生のときに、彼と一緒に宮崎県の日南にあるパルプ会社に一カ月ほど実習に行ったことがありました。ふだん研究で難しいことや、また実習で彼がわからないことについては、わたしが教えていましたが、企業の中での人間的な付き合いや遊び方についてはわたしのほうが彼から教えてもらいました。彼は大人びていて、社会人とも対等な付き合いができたので、わたしは彼の後ろをオドオドしながらついて歩いては、「なるほど、こういうときにはこういう挨拶をするのか」と学んだものです。

最近の同窓会で、彼に「このごろはわたしもいろんな場所で、『人間とはいかにあるべきか』と話すことが多いけれども、あのとき、あなたから教わったことも、血となり肉となってそこに生かされているよ」と話したら、「そんなことあったかな」と笑っていました。

そんな鹿児島大学時代のわたしは、家に経済的余裕がないため、奨学金を受け、アルバイトをしながら学費を払う、という状況でした。大学に通うのも、いつも着たきりのジャンパーと下駄ばき、という身なりでした。

勉強は一生懸命やりましたが、参考書が高くて買えないため、図書館に通いつめる毎日でした。また「身体も鍛えなければ」と空手部にも入りました。空手着一枚、素手での稽古ですから、道具代もかからなかったからです。そういう大学時代でしたが、やがて卒業を迎えることになりました。

「ヤクザになるのも人生か」

家が貧乏なのに大学に行かせてもらったこともあり、卒業後はいい会社に入っていい給料をもらいたいと思っていました。大学の先生にもいろいろな会社を紹介していただきました。

しかしわたしが大学を卒業したのは一九五五年（昭和三十年）で、たいへんな就職難の時代でした。会社の重役にコネがあるとか、親戚であるといった関係がなければ、いい会社は採用してくれません。

わたしは、工学部の応用化学科で成績も良かったため、その得意分野を生かして、当時もっとも発展が予想されていた石油化学の世界へ入ることを夢見ていました。そして応用化学の教授である竹下寿雄先生の紹介で、帝国石油などの石油会社を何社も受験したのですが、どこも採用してはくれませんでした。多少、成績がよくても、強力なコネもない新制大学の学生などは、どこも採用してくれないのです。

そのときわたしは「世の中は何て不公平なんだろう」と思いました。わたしは子供のころから、自分がこういう方向に進もうと思ったことで、まともにうまくいったことは一度もありません。中学を受けてはすべり、その次の年も落ちて、すべり止めの中学に行き、やっと高校に行かせてもらって、大学も第一志望校はすべり、そして就職試験も受かりません。

自分がやろうと思うことは全部うまくいかない。自分のあまりの運のなさから、「人はクジ引きをしたら当たることがあるだろうけれども、わたしは絶対に当たらないだろう」という、変な自信が出てきたほどです。何か運命から見放されているような、何をしても自分はうまくいかない、ということが確信になっていました。

そのときにヒョッと、「世の中をすねて渡ってみようかな」という思いが起こったのです。終戦からまだ十年しかたっていないころで、世相もかなりすさんでいましたから、「どうせいい会社に入れないのだったら、大学を卒業したインテリヤクザになってみるのも人生かな。こんな不公平な社会なんかより、仁義に厚いヤクザの世界のほうがまだましだ」と真剣に思いました。空手をやっていたので、腕っぷしにも自信がありました。気がつくと、鹿児島の繁華街にあるヤクザの組事務所の前を行ったりきたりしていました。

若い読者のみなさんも、うまくいかないことがあると、「何で自分はこんな目にあわなければならないのか。一体、自分がどれほど悪いことをしたのか」と世の中をうらんだり、すねたりする気持ちが起こってくるだろうと思います。わたしも若いころ、そうした気持ちになったのです。どうせ世の中はうまくいかないのだから、すねて世の中を渡ろうか、と思ったわけです。

人生は悪いことばかりではないはずだ

しかしわたしは、いろいろ悩んだ末に「世の中をすねてうらんでみても、自分の人生がうまくいくわけがない。たしかにいままでは運が悪く、何もかもうまくいかなかった。でも、きっと神様は人生を公平に見てくれるだろう。だから二十三歳までは不幸だったかもしれないが、これからの人生の中で神様はわたしに幸運を授けてくれるかもしれない。だから、これからは人生を前向きに明るく生きていこう」、そう思い直しました。どんなにつらいことがあっても、希望を捨てないで前向きに生きていこうと、ギリギリのところで悪の道に入るのを踏みとどまることができたのです。

そのうちに、大学の竹下先生から、京都にある送電線用の碍子をつくっている、松風工業を紹介していただき、やっとわたしは就職できました。先生から「わたしの知人がいるから、何とか採用してくれそうだ。この会社はどうか」と言っていただいたとき、わたしは即座に「お願いします」と頭を下げました。本当にうれしく思いました。

しかし、先に言ったように、碍子や窯業(注)の世界は、わたしが専攻していた有機化学(注)の分野とはまったく違う、無機化学(注)の分野です。その会社も磁器関係の研究をしている学生を希望していると聞き、わたしはあわてて無機化学の教授について、鹿児島の入来という地方で採れる良質の粘土の研究を始め、半年間でその研究成果を卒業論文にまとめました。

就職が決まった松風工業は、日本ではじめて高圧碍子を製造した会社で、かつては勢いもありました。父母も京都の名門企業で、しかも碍子製造という堅い会社と聞いて安心し、兄も就職祝いに背広を買ってくれました。

わたしはわずかばかりの手持ちのお金を持って、鹿児島から京都に行き、松風工業に入社しました。しかし、入ってしばらくすると、たいへん厳しい経営状態の会社であることがわかりました。給料をもらうまでの一カ月間、何とか食いつないでやっていたのですが、給料日になっても給料が出ないのです。会社からは「お金が用意できないので、給料の支払いは一週間待ってほしい」、と言われ、それで一週間待つと、また「もう一週間待ってくれ」と言われるほど、会社は資金的に苦しい状況でした。

こんな会社だから、わたしのような田舎の大学出身者まで採ってくれたのか、と気づいても、もうどうしようもありません。仕方なく、わたしはあばら家の寮にゴザを敷いて、七輪を置いて自炊生活を始めました。毎晩おかずは天かすを入れたみそ汁のみ。

親兄弟のはげましを後に京都に出てきたというのに、予想もしなかったわびしい社会人生活のスタートでした。仕事が終わって駅の近くの総菜屋に買い出しに行くと、店のおじさんから「あんな会社におったら、嫁も来よらんで」と言われてしまい、わたしの心はますます沈んでいきました。

このように、わたしの前半生は挫折の連続であり、何をやってもまったくうまくいかない日々が続いていました。

しかし、今考えてみると、そういう物事がうまくいかない状況というのは、自分自身を高めていくために与えられた試練だったような気がします。また、そのようにつとめることで、能力も無限に伸びていくのです。

次の章では、そのようなわたしの社会人としての人生を振り返りたいと思います。

---

*碍子＝電線を支えるときに、電柱などに電気が流れないようにするもの。

*ファインセラミックス＝高純度の材料を使って、厳密に管理された製造方法を通じてつくられる、さまざまな性質をもった特殊な磁器。エレクトロニクス機器に欠かせない材料。

*亭主関白＝家庭の中で夫が強い力を持ち、妻に威張っていること。

*赤穂浪士＝江戸時代の一七〇二年（元禄一五年）十二月十四日、主君・浅野内匠頭の敵をとった、四十七人の赤穂藩の浪士のこと。これを題材とした『忠臣蔵』は映画やテレビドラマで有名。

*内弁慶＝内では威張っていても、外では意気地がない人のこと。

*甲乙丙＝評価の順番のこと。甲が一番目、乙が二番目、丙が三番目となる。

*満洲＝現在の中国東北部。当時、事実上日本の支配にあった満洲国がその地にあった。

＊中風＝脳出血などにより、運動機能や言語機能に障害が起きている状態。

＊インフレ＝物の値段が上がり続けることにより、お金の価値が減ること。インフレーションの略。

＊度量衡屋＝長さと容積と重さなどをはかる物差し・枡・秤を売る店のこと。

＊窯業＝窯を使って粘土などの金属でない原料を高熱処理し、れんが・ガラス・陶磁器・ほうろう・セメントなどを製造する工業。

＊有機化学＝生物をつくる炭素を含む化合物を対象とした化学のこと。

＊無機化学＝有機化合物以外（無機化合物）のものを対象とした化学のこと。

第二章

思いは必ず実現する

「苦しいことやつらいことがあれば、その状況から脱出したい、と思うのが人間です。でも、現実には逃げようと思っても逃げられないことのほうが多いのです。不運であろうとも、不遇であろうとも、それに耐えて明るく前向きに努力を続けるのが人生です。わたしの人生は、そうすることで夢が実現していきました」――――――――（稲盛和夫）

赤字会社に入社する

わたしが就職した一九五五年（昭和三十年）、松風工業では、わたしを含めて、大学を卒業した新入社員五人が採用されました。しかしこの五人は毎日集まって顔を合わせるたびに、「こんなボロ会社に入ってわれわれ五人はとても不幸だ。将来は期待できないようだから、早く辞めよう」と不平不満ばかりをこぼしていました。

就職難の時代に大学の先生のお世話でやっと会社に入ることができたにもかかわらず、その会社に誇りが持てず、不平不満だらけで毎日を過ごしていたのです。実際に、入って一、二カ月しかたっていないのに、ひとり辞め、ふたり辞め、そしてその年の秋には二人だけになっていました。その一人はもちろんわたしです。もう一人は九州の天草出身で京都大学を出た人でした。

その残った二人は、「いつまでもブツブツ言っていてもしょうがないな」とお互いに言いながらも、「でもやっぱりこの会社は将来性がなさそうだから、もう辞めよう」というところにいつも落ち着くのでした。しかしそうは言っても、実際にはどこの会社にも就職できるあてはありません。

そこで、自衛隊に行こう、という結論に達し、二人で休日に桂（京都市・西京区）の自衛隊事務所に願書をもらいに行きました。そして兵庫県伊丹市にある自衛隊駐屯地で幹部候補生学校に入るための試験を受け、二人とも合格しました。

ついにボロ会社に一人取り残されて

幹部候補生学校に入るには戸籍抄本が必要だったので、二人とも郷里に電報を打って「戸籍抄本を送ってほしい」と頼みました。友だちのほうは、すぐに郷里の天草から戸籍抄本が送られてきましたが、わたしのほうは鹿児島の実家にいくら催促しても送られてきません。後になってわかったことですが、わたしの三つ上の兄がたいへん怒って戸籍抄本を送らなかったのです。

そのころ、わたしの鹿児島の実家は戦後の混乱がまだ続く中、貧乏な生活を送っていました。そのように、苦労しながら弟のわたしを大学に行かせて、やっと京都の会社に入ったと思ったら、二言目には不満をこぼして「辞めたい、辞めたい」と言う、まことにけしからん、というのが兄の思いでした。

その兄は大学に行かず働いており、妹もわたしのために犠牲になって働いていました。兄から送られてきた手紙には、「貧乏な家を少しでも楽にするために頑張ってくれるだろう、と考えて無理して大学まで通わせ卒業させたのに、会社に入ったら、二言目には会社の悪口を言って、辞めるという。そんなことでどうするのか。会社に入れてもらっただけでも、ありがたいと思って働け」と、わたしを叱る文章がつづられていました。

結局、わたしは自衛隊の幹部候補生学校に行くこともできなくなり、その友人だけが幹部候補生学校に行きました。ボロ会社で嫌だ、と思っていた会社に、とうとうわたし一人だけがポツンと残らざるをえなくなったのです。

松風工業という会社は、一般の焼き物の原料を使って、送電線用の碍子をつくっていました。碍子とは、高圧の電気を絶縁(注)するのに使われる焼き物です。その会社でわたしは「将来は必ずエレクトロニクスの時代が来るはずだから、こういう電力用の碍子をつくっているよりは、将来発展していく可能性が高いエレクトロニクス向けの新しいセラミックスの開発をしてくれ」と指示され、入社した当時から研究室で高周波絶縁材料の研究を任されていました。

「こんな会社にいてはたいへんだから、みんなで辞めよう」とグチをこぼし合っていた同期入社の五人の中で一人だけ残ったわたしは、「どうせ、もう行くところはない。これ以上、毎日、不平不満を言っていてもしようがないから、ファインセラミックスの研究に没頭してやろう」と思い、考えを切り替えました。つまり不平不満を鳴らしているヒマがあれば、その不満を感じなくなるぐらい研究に没頭しよう、と考えたのです。

それからは生活のリズムも変わりました。それまでは仕事が終わると寮に戻って自炊をしていました。ところが研究に打ち込むとなると、時間が惜しくなりました。そこで寮にあったわたしの自炊道具、つまり釜、鍋などを会社の研究室に持ち込み、実験室の横に置き、会社の電熱器を使って食事をつくりながら、研究室に泊まり込んで研究に打ち込むようになったのです。

おもしろいことに、そのように一生懸命に研究を始めると、次から次へとすばらしい研究成果が出はじめました。そうすると研究課長が「すばらしい研究成果が出たね」とほめてくれるようになったのです。

そのうちにわたしの仕事ぶりが、会社の重役の耳に入るようになりました。不平不満だらけだった常務が研究室まで来て、わたしに声をかけて励ましてくれることもありました。不平不満だらけだったときと違って、上の人の目にとまり、ほめられるようになってくると、わたしも仕事や研究がおもしろくなってきました。おもしろくなると、さらに自発的に仕事に打ち込むようになります。少し前までは「辞めたい、辞めたい」と思っていたのに、まだ二十三歳でありながら、「こうなったら、自分の研究で、この赤字会社を立て直したい」とまで思うようになりました。

不平不満をこぼして毎日を過ごしていたときと異なり、ほめられる、仕事がおもしろくなる、さらに努力をする、そういう好循環が生まれたのです。そして、そういう好循環を生み出すことが、実は人生でもっとも大事なことだということを、後になってしみじみと思ったものです。

研究成果が松下電器グループに採用される

研究を始めてから一年半ほどたったころ、わたしはフォルステライトという新しいファインセラミックスの合成に成功しました。これは後になってわかったことですが、わたしが合成に成功したその材料は、そのちょうど一年ほど前に、アメリカのGE(注)で研究開発に成功したものでした。つまり、わたしは日本ではじめて、世界でも二番目に新材料を開発することができたのです。

その材料を何とかして製品化しようと考え、苦心していたところ、オランダのフィリップスという会社との技術提携をきっかけにテレビの生産を始めていた松下電器グループの松下電子工業に採用されることになりました。

わたしの開発した高周波絶縁材料がすばらしい性能を持っていることが理解され、テレビのブラウン管向けの絶縁用セラミック部品「U字ケルシマ」の注文を受けることに成功したのです。このときはじめて自分の研究開発したものが工業化され、大量生産されるこ

松風工業神足（こうたり）工場の前で

とになったわけです。

会社に入ったころはグチをこぼしてばかりいたわたしのつくった製品が、いわば会社を助けることになったのです。貧乏な会社でしたが、わたしの部門だけはたくさんの注文をもらい、利益を出すようになっていきました。大量生産のための機械設備もわたしの設計したとおりにつくってもらい、その機械で生産した絶縁部品を、松下電子工業にどんどん納めていったのです。

松下電子工業からの注文にこたえるには、生産にあたる従業員を増やさなければなりません。そこでわたしは、当時京都駅前にあった職業安定所に出かけ、優秀で元気で、それでいて考え方のしっかりした若者を採用しました。このころのわたしは会社に入ってまだ二年もたっていません。

わたしは、せっかく来てくれたわたしの研究助手や、若い技術者が、わたしが当初そうであったように不平不満をつのらせて会社を辞めてはたいへんだ、と思いました。

そのためわたしは、時間を見つけてはグラウンドで野球をしたり、ボクシングのまねごとをしたりして、貧乏な会社なのでいい待遇はしてあげられないけれども、何とか楽しく

研究成果が松下電器グループに採用される

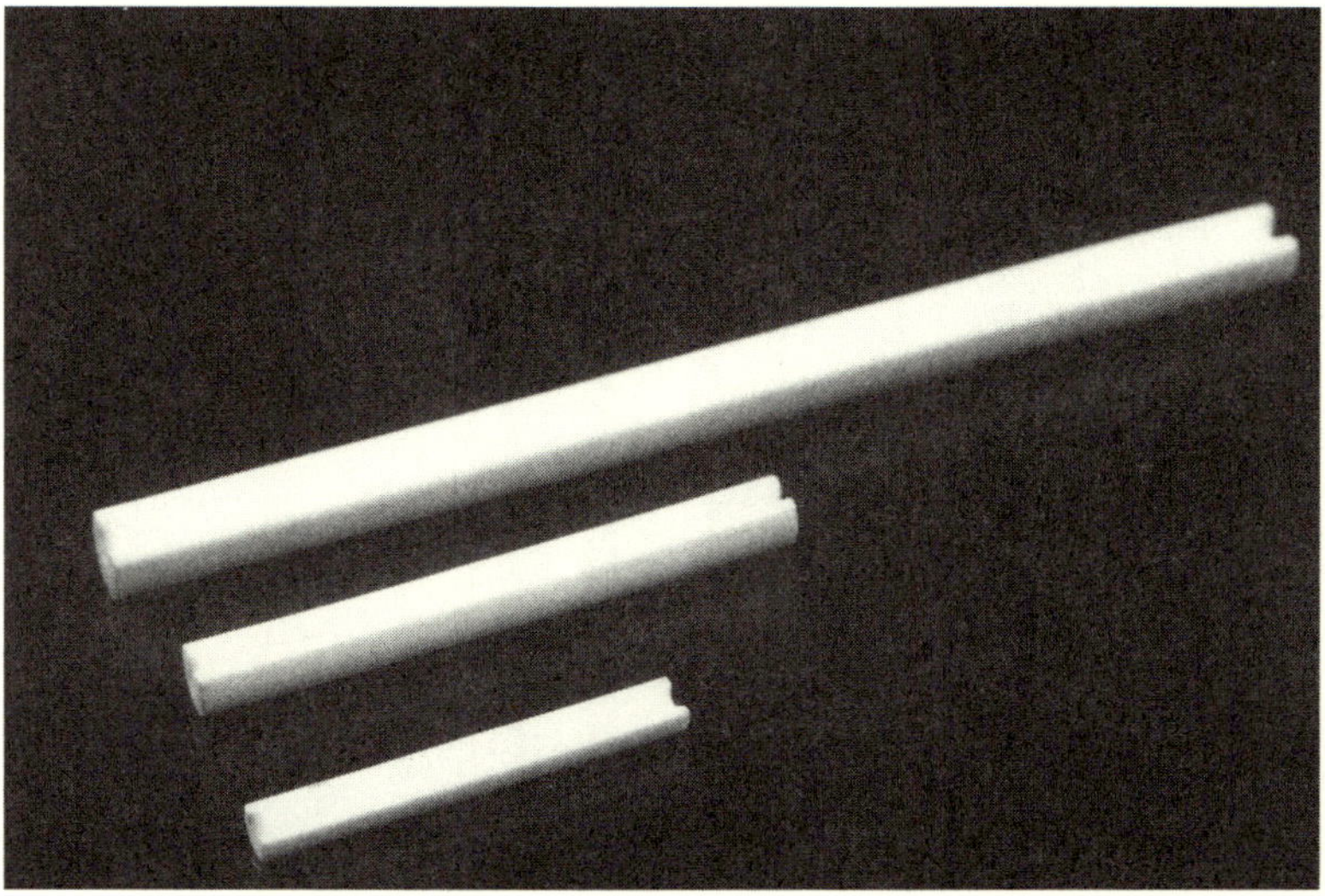

ブラウン管向け絶縁用セラミック部品「U字ケルシマ」

仕事をしてもらえるような雰囲気を一生懸命つくろうとしました。

スト破りで生産を続ける

わたしが研究開発した絶縁材料は、松下電子工業にとって、なくてはならない部品になっていきました。しかし残念なことに、当時松風工業では経営者と労働者の間に対立があり、年に何回もストライキが起こっていました。

ストライキになってしまうと、松下電子工業に納める部品の生産が途切れてしまいます。それでは松下電子工業に迷惑をかけてしまう、と考えたわたしは、会社がストライキをやっていても、わたしの職場だけは仕事を続けさせました。スト破りをしてでも、お客さまへ納める製品の生産を守ろうとしたのです。

スト破りというのは当時としてはかなり大胆なことでした。いったんストライキになると、その間は会社や工場、研究室などに入ることもできません。寮に戻ると翌日は研究室に行けないわけですから、松下電子工業に納める製品も途絶えてしまいます。そこでわたしがいた部門のメンバーは職場に泊まり込みで、製品の供給が滞ることのないように生産を続けました。

こうしてつくった製品を、会社の外で待っている女性社員に塀の上から投げわたして松下電子工業に届けてもらうという、スリルのある生産継続でした。余談ですが、このとき塀の外で商品を受け取って松下電子工業に届けていた女性社員がいまのわたしの妻です。

そういう努力にもかかわらず、松風工業はますます弱っていき、赤字が増大していきました。その中でも、わたしの研究部門には新しい仕事がつぎつぎと舞い込んできました。

当時は、まだ真空管の時代でしたが、非常に小さなセラミック真空管をつくろうという研究開発が日立製作所で始まりました。日立はアメリカの研究成果をもとに超小型のセラミック真空管をつくろうとしていて、そのための材料を提供するように松風工業に依頼してきました。そこで、わたしに白羽の矢が立ったわけです。

わたしは一生懸命研究しましたが、なかなかうまくいきません。そのことで結局、当時の会社の技術部長と意見が対立し、ついにわたしは会社を辞めることになったのです。

誰にも負けない努力を続ける

このとき、ある人から「せっかくの研究がもったいない。会社をつくってやろう」と言っていただき、一九五九年（昭和三十四年）に京セラの前身である京都セラミックという会社が資本金三百万円で誕生するわけですが、そのあたりの創業の経緯については、次章で詳しく述べてみたいと思います。

さて京都セラミックを作っていただいた後は、「もしわたしが失敗したら、会社をつくってくださった方々を裏切ることになるばかりか、従業員を路頭に迷わせてしまうかもしれない」という危機感がつねにあって、毎日、本当に一生懸命に働きました。また、そのような誰にも負けない努力をずっと続けているうちに、京セラは次第に発展し、現在のような会社になっていきました。

地方の大学を卒業し、コネも無く、先生がやっと見つけてくれた赤字会社でグチをこぼしていたわたしが、そんなに大きな会社をつくることができたのは、このように「うまずたゆまず」、つまりコツコツと、誰にも負けない努力を重ねてきたからだと思います。いま人生を振り返って、もっとも大事だったと思えるのは、「いつも明確な目標を持ち、それに向かって、地味な努力を重ねていく」ということです。京セラが成功したと言われるようになっても、おごることなく、営々と地味な、しかし必死の努力を続けてきたことが、今日をつくったのではないかと思うのです。

人間の成長というのは地道な一歩一歩の積み重ねです。若い人たちもいま自分がやっている勉強に対して、「こんなつまらないことをやっていて、どうなるのだろう」という気持ちになることもあると思います。わたしが松風工業に入ったころもそうでした。

たとえば研究室にこもって仕事を始めたころ、わたしは研究のために毎日毎日、メノウでできた乳鉢で原料を混ぜたり、「ポットミル」という、原料を粉砕する器具を一日中回したりしていました。ポットミルの中には、小さなボールがいくつも入っていて、そのボールをコロコロと回して原料を粉砕するのです。

最初のころ、わたしは何気なくこのポットミルを使って原料の粉砕や混合作業をやっていました。しかしあるとき、同じように原料の混合をしていた先輩技術者が、洗い場で、タワシを使って一生懸命にポットミルを洗っている姿が目にとまりました。

ポットミルの中に入っているボールには、ときどき傷がついていたり、欠けていたりするものがあり、そのくぼみに前の実験で使った粉が少しこびりついていたりします。その先輩の技術者は、そうしたくぼみにこびりついた粉を、へらを使ってほじくり出し、たわしできれいに洗っていたのです。わたしは「大学を出たいい男がチマチマしたことをやっているな」と思いながら見ていました。

ところが実験を重ねていくうちに、わたしのほうが思うような結果が出ないことが何度か続きました。「一体どうしてだろう」と首をひねっていたら、ふと、その先輩技術者の姿が目に浮かびました。その瞬間、頭をガーンと殴られたような気がしました。

「そうだったのか。さっと洗っただけでは、前の実験のときについた粉が、わずかだが残ってしまう。そのほんのわずかな粉が混入するだけで、セラミックの微妙な特性は変化してしまうんだ」

先輩はポットミルを丹念に洗った後も、さらに腰にぶら下げたタオルでていねいに拭いていました。わたしは「なるほど、洗うという単純な作業でもそこまで徹底的にするも

原料を粉砕（ふんさい）するポットミル

のなのか」と思いました。

セラミックスの教科書には原料の粉を混ぜて成形し、高温で焼けば製品ができあがる、と書いてありました。しかし、実際にはそのとおりにはいかないのです。自分で試行錯誤をくり返しながら、苦労してはじめてわかってくることも多いのです。その先輩はふだんから地味で目立たない技術者でしたが、黙々と器具を洗っていたその後ろ姿で、わたしに大切なことを教えてくれました。

それからは、どんな寒い日も実験室の裏の炊事場で一生懸命にポットミルを冷たい水で洗い、不純物が残っていないかどうかを確認して、腰にぶら下げたタオルで舐めるように拭いてから、新しい実験に使うようになりました。

そうやってメノウでできた乳鉢やポットミルで原料を混ぜたり、器具を洗ったりしながら、わたしは来る日も来る日も地味な実験を繰り返していました。そのようにまじめにつとめながらも、「自分は大学を出てセラミックスの研究をしているけれども、毎日こんなことをしてなんになるのだろう」と、どうしても思ってしまいました。研究に情熱をかたむけながらも、実はつねに将来に不安を感じている自分がいたのです。

洗うということも、そこまで徹底的にするのか！

実際、わたしと同じようにセラミックスの研究をする人たちの中には、立派な会社に入り、あるいは大学に残って、立派な実験室、立派な装置を使って研究している人もたくさんいるわけです。さらにはたいへん優秀でフルブライト(注)の留学資格を取ってアメリカの大学に留学する人もいます。

そうした研究者がいる中で、わたしは来る日も来る日も、赤字会社の汚れた研究室で原料を混ぜ、ポットミルを洗っていたのです。

わたしは、「こんなことを一生をかけてやっても、いったいどれほどの成果があがるのだろう」とあせりを感じていました。ともすると気持ちが萎えてしまう毎日でした。

「こんなことではダメになる」という不安と戦う

勉強でもそうですが、地道な苦労を続けていると、先が見えないだけに「こんなことをやっていて道が開けるのだろうか」という気持ちになってしまうものです。わたしの場合もそうでした。

しかし「こんなことをしていては自分の一生がダメになるかもしれない」と思いながらも、一方では「いま、自分がやっているようなたいへん地味な一歩一歩の積み上げは、シャクトリ虫のような歩みではあるけれども、いつしか大きな成果を生むはずだ」とも考えていました。

あのエジプトの巨大なピラミッドも、一つ一つの石を時間をかけて積み上げていくという、気の遠くなるような作業なくしてはつくれなかったはずです。ついつい気持ちが滅入りそうなときには、わたしは「いま、自分はメノウでできた乳鉢で一生懸命に原料を混ぜているけれども、そのような積み重ねが偉大な研究成果を生んでいくはずだ」とムリヤリにでも自分に思わせるようにしました。

「会社を辞めたい、辞めたい」と不平不満を言いながらも、「辞めることが正しいのか、残ることが正しいのか」と悩んでいたときも、こうした思いがありました。ボロ会社でみんなも辞めて行った。就職難の時代で行くところなどないけれども、自分も辞めたい。しかしそう思いながらも自問自答をくり返しました。

わたしのような環境にある者で、辞めていって人生が本当にうまくいったという人もいるかもしれないが、辞めたことで逆にその後の人生がうまくいかなくなってしまったケースもあるはずだ。また、たとえボロ会社だったとしても、そのボロ会社に残って頑張ったために人生がうまくいった人もいるはずだ。それならば、辞めることが正しいのか、残ることが正しいのか。

来る日も来る日もそうした禅問答のような日々が続きました。

ただ、「残るにしても辞めるにしても、ただ漠然と不平不満だけを言っていたのでは、人生というものはうまくいかないだろう」ということは強く感じていました。

わたしはいまになって、そのように悩みながら、苦しみながら、それでもコツコツと仕事をやっていくというひたむきな努力こそが、やがて偉大なことを成すということを、改めて強く思います。

「継続は力なり」という、すばらしい言葉があります。人生でもっとも大切なことは「継続」、つまり「一つのことを続ける」ことなのです。これから就職し、自分の人生を築いていくことになる若い世代の人たちに、わたしから伝えたいことは、この「地道な一歩一歩の努力を重ねる」ということ、つまり「与えられた仕事を天職と思い、一生涯その仕事を続けてほしい」ということです。このことは充実した人生を送るために、何よりも必要なことだと思います。そこで一つのことを長い間、継続していくためには、どういう工夫がいるのだろうか、ということをわたしなりに考えてみました。

好きになり、創意工夫を重ねる

まず、最初に、「仕事を好きになる」ということが大切です。

わたしの場合は、最初に入った会社で不平不満をこぼしながら、結局どこにも行けなくなりました。そのために与えられたファインセラミックスの研究に没頭することになり、その研究がたいへん好きになりました。

わたしは大学では有機化学という分野を専攻していたこともあり、与えられたファインセラミックスの研究、つまり無機化学の研究は当初あまり好きな分野ではなかったのですが、どこへも逃げて行くところがなく、追いつめられたことで自分の研究を好きにならざるをえませんでした。また好きになろうと努力をしたものです。

最初から自分が好きな仕事につけるような幸運な人は少なく、多くの人たちは会社に入っても、自分の好きな仕事につくことはできないだろうと思います。つまり、多くの人は、たまたまいまの仕事につくことになったわけです。そうであるなら、その仕事を心から好きになれるように、自分自身で努力をするしか方法はありません。それが一つのことを長く継続していくために一番大事なことなのです。

また、継続をするといっても、漠然と、漫然と続けていっては意味がありません。大事なことは創意工夫を重ねることです。今日よりは明日、明日よりは明後日と、少しでも進歩するように心がけていかなければなりません。そのような絶え間ない創意工夫が、すばらしい成果を生むのです。

わたしは大学を出てから今日までずっと、研究においても、仕事においても、また事業においても、つねに、何かもっといい方法はないだろうかと改良改善を行ってきました。その結果、一つのことを継続しつつ、多くの新しい創造的な事業を生み出すことができました。この「日々、創意工夫を重ねる」ということが、二番目に大切なことです。

素直に喜ぶことは人生の栄養素

そして三番目は「素直に喜ぶこと」です。勉強でもそうですが、仕事や研究に打ち込んで努力をしていくことは、あたかも修行僧が修行に打ち込むような厳しいものです。しかし、それが苦しいだけのものであっては、長く続けていくことは難しくなります。そこで必要なことは、仕事や勉強の合間に喜びや楽しみを見出す、ということです。

わたしの場合には貧しい会社で研究をしていく中で、いい研究成果が出るとそれを喜び、上司にほめられるとさらに喜び、というように、仕事の中で楽しみを見出しながら研究を続けていきました。

大学を出てまだ二年目のころ、一生懸命にデータの測定をやっていたときのことです。この材料はこういう物性を出すだろう、と予測して実験していたところ、そのとおりの結果が出ました。わたしにとっては、たいへんうれしいことでした。

わたしはそういうときは、よく跳び上がって体全体で喜びを表現していました。当時、わたしの研究室に京都の有名な進学高校を卒業していながら、経済的事情から大学には行かず、わたしの助手になっていた青年がいました。その助手がいつも測定の手伝いをしてくれていたのですが、いい結果が出ると跳び上がって喜んでいるわたしを、終始冷ややかに見ていました。

わたしより随分若いのに、冷静にわたしを見ているのです。その彼があるときわたしに「あなたは何と軽率な人でしょう」と言いました。

わたしが「どうしてだ?」と聞くと、「あなたはわずかなことで、しょっちゅう大喜びしているけれども、男が跳び上がって喜ぶようなことというのは、一生のうちにもあまりないことです。あなたみたいに、少しいいデータが出たからといって、いつも跳び上がって喜んでいるというのは、失礼ですが、軽率というか軽薄というか。そんな人をわたしは上司として認められません」という言葉が返ってきたのです。わたしは背筋が寒くなりました。

彼にわたしは言いました。

「君のように冷ややかに物事を見ていると、人生は暗くなるよ。地味なファインセラミックスの研究を続けていく中で、いい成果が出たときの感動は、わたしに新しい情熱を吹き込み、生きる勇気を与えてくれる。給料も安く、ボーナスも出ない、そんな貧しい会社で一生懸命、研究に打ち込み、研究を続けていくには、感動こそが大事だ、とわたしは思っている。君がいくらわたしのことを軽薄だと言っても、わたしはささやかな成功であっても、それを心の底から素直に喜ぶような明るい人生を送っていきたい」

わたしはファインセラミックスの地味な研究を続けながら、そういうことを感じていたわけですが、その後の人生においても、いろいろなことを体験する中で、ささやかな成功さえも心から素直に喜ぶことにしています。それこそが生きる勇気を与えてくれる栄養だという気がするからです。自分の人生を前向きに明るく見ることができるのか、それを悲観的に見てしまうのか、その姿勢によってみなさんの人生は大きく変わってくるはずです。

「自分の会社を好きになる」

わたしが四十年以上もかけて仕事に打ち込み、多くの事業を育てることができた理由は、これまで述べてきたように、地道な努力を続けてきたからに他なりません。

そのためにわたしは、先ほども述べたように、意識して「仕事を好きになる」努力をしました。そしてその努力を長く続けていくために「創意工夫」を重ね、「仕事や研究に喜びを見出す」ことにつとめました。

わたしは京セラの社員に対しては、この三つに加えて、「会社を好きになる」こと、そして、「一生懸命努力を続け、悩み抜いた後には天の啓示がある」という、二つのことを話しています。

わたしが社会に出てはじめて入った会社は赤字続きの会社で、会社を好きになろうと思っても、なかなか好きにはなれませんでした。そこでわたしは仕方なく「せめてこの会社はきらいだ」と思うことだけはやめよう、と努力しました。そのことがやがて「仕事を好きになる」きっかけになりました。

人間というものは自分が希望していた会社や学校に入ることができないと、他の人が行っている会社や学校がよく見えて、自分のところは見栄えがしない、と思いこんでしまいがちです。しかし「この仕事が好きになれない」「この会社が好きになれない」、あるいは「この学校は好きになれない」という状態から、いかに早く脱するかが大事です。そうすることによって人生は大きく変わってくるのです。

もう一つの「一生懸命努力を続け、悩み抜いた後には天の啓示がある」ということは、何か一つのことに真剣に努力し、悩み抜いた経験がある人であれば理解していただけると思います。

目標を定めて、それに向かって努力しているとき、人は「どうしたらいいのか」、あるいは「自分は正しいのか」といったことを、自問自答します。しかし、なかなか答えが見つからず、途方に暮れることがあります。それでも逃げ出さずにひたむきに努力と工夫を続けていると、ふと自分の背中を押してくれるものが必ずあるのです。

それこそが、みなさんの心の深いところにある良心から出た魂の叫びなのです。また、それは死に物狂いで努力したみなさんに対して、天から与えられた解決策であり、贈り物なのです。

今日一日を精一杯生きること

先ほども述べたように、若いころのわたしは、技術者として、同じ研究をするにしても、今日よりは明日、明日よりは明後日、というようにつねに創意工夫を心がけてきました。実験をするときにも「昨日は、こういう実験をしたけれども、今日の実験ではさらに工夫を加えてみよう。そうしたら、もっといいデータ、もっといい結果が出るのでは」と創意工夫を加えていったわけです。

こうした一日一日の工夫はわずかなものです。しかし、それを三百六十五日毎日続け、さらにそれを何年も続けていった場合には、実に大きな進歩・発展がもたらされるものです。同じ仕事を続けるにしても、ただ同じことをくり返すのではなく、つねに創意工夫をしていくことが大事なのです。わたしの場合も、その創意工夫が研究成果においても事業においても大きな成果をもたらしたと思っています。

わたしはそのように毎日毎日仕事に打ち込んでいたのですが、長期計画を立てるということをしてきませんでした。京セラという会社も創業以来、長期計画を立てない会社としてやってきました。ふつう、経営の世界では、五年、十年先の経営計画を描きなさいとよく言われます。ところがわたしの場合は、「今日一日を精一杯生きる」という、短期の目標だけで生きてきました。

なぜ、そうしたのかというと、それは遠大な計画を立てても、もしそのとおりに遂行できないと、気持ちが滅入ったり萎えてしまい、ときには挫折感のようなものも味わってしまうおそれがあるからです。そうすると、どうしても考え方がネガティブになります。ですから、わたしは今日一日の目標を立て、その一日の目標を精一杯努力して達成していこうと思ったのです。

「どうして長期計画を立てないのか」と言われることは何度もありました。しかし、わたしは「今日一日を精一杯生きれば明日が見えてくる。今月を精一杯に生きれば来月が見えてくる。今年一年間を生きれば来年が見えてくる。だから、いたずらに五年先のこと、十年先のことを考えて悩むよりは、今日を精一杯悔いのないように生きる」というような生き方をしてきました。そういう信念が四十数年間、地味な仕事を飽きもせずにずっと続けさせてくれたのだと思います。

若い人はみんな自分なりに「偉大なことを実現したい」という夢と希望を持つことでしょう。ただし、それは一歩一歩の地道な努力から生まれるということだけは知っていてほしいと思います。実現するための地道な努力をしないで、大きな夢だけを描いていたのでは、それはいつまでたっても夢にとどまったままです。

人生の道のりにはエスカレーターのような便利な乗り物はありません。自分の足で歩き、自分の力で登っていくしかないのです。描いた夢が実現する手っ取り早い手段や近道があると思うのはとんでもない誤り(あやま)です。一歩一歩を、まるでシャクトリ虫のように少しずつ進んで行くことが、夢を実現させる一番の方法なのです。

若いみなさんは「そんな一歩一歩では歩みが遅(おそ)くて、一生かかったってできないのではないか」と思われるかもしれませんが、そうではありません。一歩一歩の積み重ねが、実は魔法(まほう)のような相乗効果(そうじょうこうか)を生んでいくのです。日々の地道な努力が生む小さな成果こそが、さらなる努力と成果を呼(よ)びよせ、いつの間にか、あなたを信じられないような高みにまで運んでくれるのです。これが、学習やスポーツ、また仕事においても、夢を実現させるただ一つの確実な方法なのです。

………………………………

*絶縁＝電気が通じるのを絶つこと。電気を通さない物質を絶縁体という。

*GE＝アメリカにある大手電機メーカー、ゼネラル・エレクトリック社。発明王トーマス・エジソンが創業した。

*フルブライト＝アメリカの元上院議員。アメリカと各国との教育・文化交流のため、若い人を互いに留学させる制度をつくった。この制度にもとづいて交換留学が行われている。

第三章

感謝の気持ちを忘れない

「若いみなさんの中には、いま目の前の問題に取り組み、一生懸命頑張っているのに、なかなか成果がでない、という思いを抱いている人がたくさんいると思います。しかし、もうこれ以上は絶対にできないというほど必死の努力をしてみてごらんなさい。そこまで頑張れば、必ず神様の贈りものと思えるようなすばらしいヒントが見つかったり、あなたの努力を認めて助けてくれる人が出てくるはずです」

――（稲盛和夫）

京セラをつくったときのこと

松風工業で、日立製作所向けのセラミック真空管の開発に苦労していたときのこと、新任の技術部長と意見が対立し、退社することになったところまではお話ししました。一方的に「君にはこの研究は無理だ。他の者にやらせるから手を引け」と言われ、人の心をまったく理解しない会社にいても、技術者としての夢は実現できないと思ったのです。

わたしが退社すると聞いて、わたしの部下たちが、寮のわたしの部屋に押しかけてきました。みんな口々に「自分も辞めてついて行く」と言って聞きません。わたしの上司だった青山政次さんという方までが、「わたしも辞める。そして何とか金を集めて、君のために新しい会社をつくろう」と言うのです。

青山さんは京都大学工学部時代の同級生で、京都の配電盤メーカーである宮木電機製作所の専務の西枝一江さんと常務の交川有さんという二人の方にかけ合ってくれました。また、二人から「稲盛君がどれほど優秀か知らないが、二十六、七の若造に何ができる」と反論されても、ひるまず説得してくれました。最後には宮木電機の宮木男也社長までもが出資してくださることになりました。

また実際に新しい会社をスタートさせるには、ファインセラミックスを焼く電気炉などの設備投資、原材料の購入、運転資金などがいるわけです。その金額は一千万円ほど。当時としてはたいへんな大金で、当然わたしたちの手元にはなく、銀行から借りなくてはいけません。

その銀行借り入れのときに、青山さんの説得で出資していただくことになった宮木電機専務の西枝さんが、自宅を抵当に入れてまで借入保証をしてくださいました。会ってまもないわたしと新しい会社のために、自分の財産を失ってしまうかもしれない危険をおかしてくださったのです。

西枝さんが奥さんに、「この家、取られるかもしれんぞ」と言うと、奥さんは「男が男に惚れたのですから、わたしはかまいませんよ」と笑っておられたそうです。こうしたあたたかい思いやりに支えられて、わたしは独立することになりました。

ＩＢＭ社に鍛えられ、一流会社への仲間入り

京都セラミックは、一九五九年（昭和三十四年）四月一日、従業員二十八名で宮木電機の倉庫を借りてスタートしました。

新会社の名前を京都セラミックとしたのは、京都という都市が世界的に知られていて、海外の会社と仕事をする場合にも通用する、と考えたからです。社長は宮木電機の宮木社長にお願いし、青山さんは専務で、わたしは取締役技術部長になりましたが、実際には経営はすべてわたしが見ることになりました。

宮木社長や、自宅を担保にして、銀行からお金を借りてくださった西枝さんは、何年間かは赤字も覚悟していたということですが、わたしたちは一年間、わき目もふらずに仕事に打ち込み、その結果、最初の年から黒字になりました。

会社がスタートしたころのわたしは、「もし事業が失敗して、わたしと一緒になって懸命に働いてくれているこの人たちを路頭に迷わせてしまったら」という不安とつねに戦っ

ていました。その必死の思いが日々の仕事への猛烈な打ち込みとなって、それが黒字につながっていったのだと思います。

京都セラミックを創業して五年がたった一九六〇年代の中ごろには、トランジスタがすでにラジオやテレビなどの電気製品の心臓部に大量に使われるようになっていました。京セラはそのためのセラミック部品の開発に成功し、香港のマイクロエレクトロニクス社や米国のフェアチャイルド社といった会社から、大量の注文をもらえるようになりました。

一九六五年（昭和四十年）には、米国のテキサス・インスツルメンツ社のつくるアポロ計画用の電子機器に、京都セラミックの抵抗器用セラミック・ロッドという部品が採用されました。自分たちがつくった製品が、月に人類を送るという壮大な宇宙計画に採用されたのです。

一九六六年（昭和四十一年）には、米国の大手コンピュータ会社であるIBM社から、IC用のサブストレート（集積回路用基板）二千五百万個を受注することができました。当時の京都セラミックの年間の売り上げは五億円程度でしたが、そこへいきなり一億五千

京都セラミック設立時（著者は最後列左から六人目）

万円という大口受注を手にしたのです。

ところがＩＢＭ社の品質基準がけた外れに高く、寸法の精度も、従来のわたしたちの基準値と比べると、十倍以上厳しいものでした。第一、わたしたちにはそれだけの精度を測定する機器さえなかったのです。

それでも、わたしはあきらめませんでした。「未来進行形」で考えるようにしたのです。つまり、注文を受けたときの製造技術ではＩＢＭ社の検査をパスすることが難しくても、その後に技術を高めていくなら、それをクリアすることができるだろう。そうすれば、京都セラミックの技術は世界最高の水準であるとの評価を得ることができると考えたのです。

しかも注文を受けた集積回路用基板は、「システム―３６０」というＩＢＭ社の戦略商品向けでした。世界一のコンピューターメーカーが、戦略商品の心臓部に組み込む基幹部品を、大企業ではなく、日本の、それも中小企業である京セラに発注してきたのです。

このように米国企業は、技術力が優れていれば、有名な会社でなくても発注をします。過去の実績よりも、技術そのものを評価するのです。

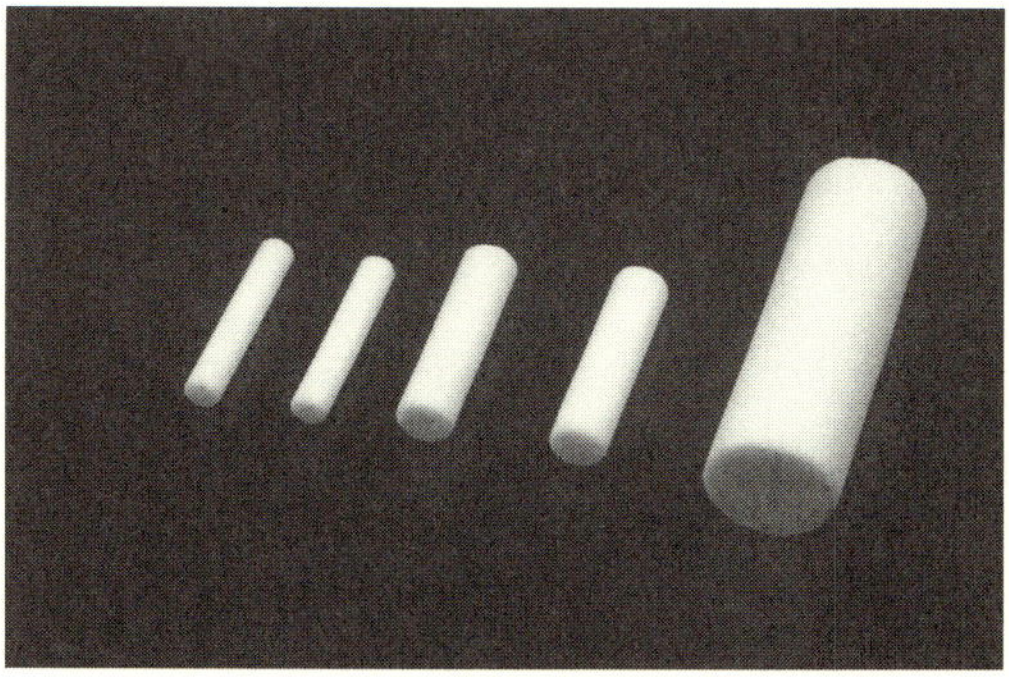

抵抗器(ていこうき)用セラミック・ロッド

京セラがIBMに納めたIC用サブストレート

当時の京セラ滋賀(しが)工場

わたしはこのとき必要な製造機械をそろえることから始まり、あらゆる面で陣頭指揮をとりました。そしてわたしは、この受注を受けた年の五月に、あわただしい中で社長に就任しました。創業から八年目、三十四歳のときでした。

わたしは、社長になってからも滋賀県の工場の寮に泊まり込み、毎日早朝から深夜、ときには明け方までぶっとおしでこの製品の開発にあたりました。三カ月、五カ月、と時間はどんどん過ぎていき、そしてやっとのことで規格どおりの製品を完成させて最初の二十万個を納入することができました。ところが、その製品はいずれもＩＢＭ社の受け入れ検査ではねられて返品されてきたのです。開発は一からやり直しとなりました。

「神に祈ったか」

ある日の夜の二時ごろ、まだ残って働いている社員を激励しようと工場を回っていると、一人の技術者が電気炉の前で、肩を震わせて泣いていました。どうして泣いているのか、と理由を聞くと、電気炉内の温度が一定にならず、どうしても製品の寸法に微妙な差が出てしまう、というのです。「今日はもう寝ろ」と言っても動こうとしません。そのとき、わたしは「焼成するときに、どうかうまくいきますように、と神に祈ったか」と聞きました。後は神に祈るしかない、というほど、最後の最後まで努力したのか、と言いたかったのです。

「神に祈ったか。神に祈ったか」

その言葉を何度も繰り返した彼は「わかりました。もう一度、一からやってみます」とうなずき、再挑戦してくれました。

このようなことを繰り返し、ようやく多くの難題を克服することができました。

勉強でも仕事でも、少し努力をしてうまくいかないと、そこであきらめてしまう人がいます。それでは、何も得られません。粘って粘って、もうこれ以上は頑張れない、というところまでやってみるのです。うまくいかない人ほど、いい加減なところで妥協し、後で「あのとき、もう少し頑張っていればよかったな」と、くよくよします。成功する人としない人の差は、実はここにあるのです。

こうして、受注から七カ月後に、ようやくIBM社から京セラ製品の合格通知がきました。しかし本番はここからです。二千五百万個という膨大な量の製品を納期までに納めなければなりません。二十四時間、三交替の生産体制をつくり、月産百万個を目標に、フル生産に入りました。

二年あまり、盆も正月もろくに休まず働き、ようやく期限までに全品納入することができました。最後の製品がトラックに積まれて走り出すのを見ながら、わたしは確信しました。

「人間の能力は無限だ」

何としてもやり遂げるという強烈な願望を持ち、努力を続けることで、最初は不可能だと思われたことも、可能になるのです。

世界のトップメーカーに徹底的に鍛えられて、目的を成し遂げた自信は、何ものにも代え難いものでした。京都セラミックのサブストレート（集積回路用基板）が、あのＩＢＭ社から高い評価を受け、主力コンピュータの心臓部に採用されたという話は、たちまち国内外のエレクトロニクス業界にも知れわたり、その後多くの日本の電機メーカーからも注文が入るようになりました。

「神に祈ったか」

こうして、京セラは急速な発展をとげ、一九七一年（昭和四十六年）には証券取引所に上場しました。創業から十二年で、一流企業の仲間入りをはたすことができたのです。

巨人ＮＴＴへの挑戦

「京セラには創業以来、積み立ててきた手持ち資金が千五百億円ある。このうち、一千億円を使わせてほしい」

電電公社（現・ＮＴＴ）の民営化など、通信自由化の方向が打ち出されていた一九八三年（昭和五十八年）、わたしは京セラの取締役会で第二電電設立の了解を求めました。無謀な挑戦と言われたわたしの電気通信事業への進出、つまり現在ＫＤＤＩとなっている第二電電の創業は、この京セラ取締役会で決まったわけです。

日本では、それまでは電電公社が国内電話を独占していました。そのため、日本の電話料金は、世界の水準から見た場合にかなり高く、新しい電話会社が現れて競争が行われれば、日本の高い電話料金も下がるだろうと期待されていました。

しかし巨大な電電公社と戦うにはリスクが大き過ぎることから、誰も新しい電話会社をつくろうとしません。

そこで、わたしが挑戦してみようと思ったのです。とはいえ、電電公社は当時で、年間の売上高が四兆円あまり、社員は三十三万人という巨大企業で、また明治以来整備につとめてきた通信回線が全国すみずみにまで張りめぐらされています。

それに対抗して第二電電を立ち上げようという京セラは、急成長をとげたとはいっても、売上高は二千二百億円、社員は一万一千人で、まさに巨象とアリでした。そのうえ京セラには通信事業の技術も知識もありません。わたし自身が化学専攻で、通信の世界では素人同然です。そんなわたしが、いきなり巨大な電電公社に挑戦するというのですから、まるでドンキホーテが槍一本で風車に立ち向かうようなものでした。

そんな状態で、このような大事業を始めるには、心を奮い立たせるような高い志、動機、目的がなければなりません。わたしは自分の本心を確かめるために、毎晩ベッドに入る前に、「わたしが新しい電話会社をつくろうという、その動機は善なりや、私心はなかりしか」と心の中で問いかけることにしました。

「有名になりたいという私心はないか」、「国民の利益のためにという思いは純粋なものか」

約六カ月間、たとえお酒を飲んで帰ろうと、自問自答を繰り返した結果、世のため人のために尽くしたいというわたしの志が、純粋であり、微動だにしないものであることを確かめたわたしは、この事業に乗り出す決心をしたのです。

わたしの決意に、多くの企業経営者の方が賛同してくださり、一九八四年（昭和五十九年）に第二電電を設立しました。そしてこの第二電電創業からまもなくして、移動体通信、つまり当時の自動車電話、いまの携帯電話の自由化が決まると、わたしはまたすぐに第二電電の役員会で、「真っ先に進出しよう」と提案しました。

auの携帯電話サービスのルーツについて

わたしは米国の半導体ビジネスが始まったころからICパッケージを開発してきたため、半導体の高性能化、小型化のスピードが極めて早いことを身をもって感じていました。

auの携帯電話サービスのルーツについて

第二電電（DDI）設立時のパーティで（著者は右から三人目）

そのため、「これなら、そんなに時間がかからないうちに、手のひらに乗るような小さな携帯電話が生まれるにちがいない」と確信していたのです。

しかし、当時は世界のどこでも携帯電話（自動車電話）の事業がうまくいっていなかったため、また第二電電の経営がようやく軌道に乗ったばかりのころであったため、第二電電の役員会では、わたしと後一人を除いて、全役員が携帯電話事業への進出に反対しました。わたしは賛成してくれたその役員と、「誰もついてこないなら、君と二人でもやろう」と話し、携帯電話事業を始めたのです。これがいまKDDIがやっている、「au」の携帯電話サービスのスタートでした。

その後、第二電電は最終的に郵政省（現・総務省）に事業認可をもらうことになりました。ところが、わたしたち以外に、もう一社が携帯電話事業への参入を申し入れたため、郵政省はNTT以外の新規事業者のためのサービス地域を二分割することに決めました。一つは東京を中心とする首都圏地域と名古屋を中心とする東海地域、そしてもう一つはそれ以外の地域です。こうして、どの地域を獲得するか、第二電電ともう一社が争うことになりました。というのは、この二つの地域の間には、大きな格差があったからです。

サービス開始当時の
京セラ製携帯電話

携帯電話会社の開業記念式典

太平洋ベルト地帯と呼ばれた東京と名古屋をつなぐエリアは、大都市が集中して、ほとんどの消費において、最も需要が大きい地域です。もちろん第二電電もその首都圏・東海地域を担当したかったのですが、それは相手も同じで、なかなか決着がつきません。そのため、わたしはあえて「損して得とれ」と、首都圏・東海地域以外のエリアでの事業認可を受けることにしました。そして、その結果を第二電電の取締役会で説明しました。

「稲盛さん、あなたは饅頭の皮だけもらって、それを食べろと言われて帰ってきたのか」

その役員会で、わたしは叱られました。当時の第二電電の取締役会には、創業に協力してくださった、日本を代表する多くの企業のトップの方々がおられました。その人たちから「饅頭の中身のおいしいアンコだけ相手に取られて、まわりの皮だけもらってきたのか」と責められたのです。

しかしその後、第二電電がつくった関西セルラーなどの携帯電話会社は懸命に事業を展開し、新規参入組ではトップを走りました。また、その後、一番有利なはずだった首都圏・東海地域でサービスしていたＩＤＯを合併することにもなりました。また現在では、「ａｕ」というブランドで、ＮＴＴドコモとトップを争うほどのすばらしい携帯電話サービスを提供しています。

雑草でも生きる努力をしています

いままでお話ししてきたような京セラやＫＤＤＩの経営経験を通じて、わたしが若い起業家の人たちにいつも言っていることがあります。同じことをこれからの社会を背負って立つ若いみなさんにも伝えたいと思います。それは、この世の中にあるすべてのものが、生きていくために必死に努力をしているということです。

たとえば、道ばたに生えている雑草、名も知れない草でも、必死で生きています。そうした草はアスファルトの割れ目であっても、日が強く差す夏の暑い日であっても、カンカン照りの煮えたぎるような中で、狭さや暑さにも負けずに花を咲かせ、種を残そうと必死になって生きています。雑草一本でさえ、苦しみに耐えて、生きているわけです。

このように、アスファルトの割れ目で生きる雑草一本でさえ、一生懸命に努力するからこそ、自然界で生き残っていけるわけです。それは動物や昆虫でも同じです。みんな生きていくために必死で努力をしているのです。それが自然界の姿であって、努力をするというのは特別なことではありません。生きていくためには当たり前のことなのです。

勉強や仕事で努力しても、それでもうまくいかないことがあります。そんなときでも、これ以上はやれないというくらい一生懸命努力したのであれば、あきらめることもできるでしょう。

しかし、もしもそれが中途半端に取り組んだ結果であれば、必ず「もっと頑張れば良かった」と後で悔やみ、落ち込むと思います。そんな後悔だらけの人生ほど、つまらないものはありません。

どんなに不利な条件であってもつねに精一杯努力をすること。これは、わたしたちがこの世の中で生きていくための前提と言ってもいいでしょう。結果はどうであれ、一瞬一瞬を大事にし、一生懸命に努力を重ねる、それが自然界のあり方なのです。

第四章

学校で何を学ぶか

「子供たちにとって一番大事なのは、学校で何を学ぶかということです。それは創造性であったり、努力であったり、さらには人間としての生き方であったりするのでしょう。そのようなことを教えてくれるすばらしい人たちとの出会いを見つけて、ぜひすばらしい人生を切り開いていってください」

――（稲盛和夫）

なぜ、叱られなければならないのか

わたしが小学校の授業について、いまでも鮮明に思い出す二つのできごとがあります。一つは社会科の時間でのことでした。あるとき先生が、「鹿児島県で収穫されたお米が九州の他の県にも出荷されています。どうしてだと思いますか」という質問をしました。

わたしはいつものように「今日は学校が終わったら、友だちと川に行って魚を釣ろうかな」などと考えていて、先生の話はあまり聞いていなかったのですが、ふっと関心が先生のほうに向いたときに、先生のその質問が耳に入ってきました。わたしは、何と当たり前のことを聞くのだろう、と思い、「はい」と手を上げました。勉強もしないし、めったに質問に答えたことのないわたしが手を上げたものですから、先生は驚いて「稲盛君」とわたしを指しました。

わたしが立ち上がって「鹿児島のお米が余っているからです」と答えたところ、「バカか、お前は」と叱られてしまいました。わたしにしてみれば、当たり前のことを答えたのに、どうして怒られなければならないのか、という気持ちです。先生は鹿児島産のお米が他の県に出荷されていることについて、後でいろいろと説明していましたが、結局はお米が余っているから他の県に売られているということでした。

余っている理由を答えろ、という質問であれば別ですが、なぜ他の県に出荷されていくのか、ということであれば、「余っているから」という答えでまちがいではないはずです。わたしはただでさえ勉強が好きでないのに、さらにおもしろくなくなった記憶があります。

夏休みにつくった会心の測量計

もう一つの忘れられないできごとは、戦争中でわたしが四年生のころのことです。夏休みに「休みの間に何でもいいから工作をしてきなさい」という宿題が出ました。クラスの友だちは昆虫採集の標本をつくったり、いろんな工作物をつくってきました。

わたしは学校の勉強はほとんどしていませんから、教室で教わったことを活かして、何かつくろう、という発想はありませんでした。かねてから友だちと裏の山や小川で遊ぶときに、木や崖の高さを測る簡単な方法があったらいいな、と思っていたので、物の高さを測る機械をつくってみよう、と思いたちました。

そこで山へ行って竹をいっぱい切って持ち帰り、まず、竹の中をくり抜いて望遠鏡のような筒をつくり、そこにセルロイドの板を仕込み、目盛りを刻みました。次に簡単な三脚をつくって、その上に竹の筒を乗せて固定しました。これが、わたしが小学四年の夏休みにつくった測量計です。

測りたい物体から、たとえば二十メートル離れた場所に三脚を置き、測る物体のすぐそばに一メートルの長さの棒を立て、竹の筒の水準を合わせます。筒の片方の穴からのぞいて、測りたい物が筒の中につけたセルロイド板の目盛りのどこにくるかで目標物の高さがわかる、という仕組みです。比例の考え方を応用して測量ができるようにしたのです。「これは、何でも高さを測れる画期的な発明だ」と、はりきって学校に持って行き、教室にみんなの作品と一緒に並べました。

見た目は丸い竹をくり抜いて、三脚に糊でくっつけただけのなんの変哲もない工作でしたから、先生が見て「これは一体何だ?」と聞いてきました。

わたしが、「これは何でも高さが測れる機械です」と答えると、先生が「どうやって測るんだ?」とたずねてきました。

「この機械を離れたところに置いて、中をのぞけばわかるんです」と、わたしが自作の測量計の説明をしているうちに、米を練ってつくった糊でくっつけていた筒が三脚から外れて落ちてしまったのです。クラスのみんなが爆笑して、わたしはものすごくはずかしい思いをしました。

あわてたわたしが筒をくっつけようとしていると、追い打ちをかけるように「お前は馬鹿か。そんなことで高さが測れるか」と先生から叱られてしまいました。わたしとしては会心の作だったのに、それを頭ごなしに否定されたわけです。わたしは悔しくてたまらず、心の中で「せっかく一生懸命つくったのに」と叫びました。

実際のところ、この測量計では正確な高さを測ることはできません。正確な高さを測るには、比例ではなく三角関数の考え方が必要だからです。

ところが小学四年生ですから、まだ三角関数を教わっていないため、単純に比例どお

夏休みにつくった会心の測量計

画期的な発明だ !!

りにはいかない、ということを知らなかったのです。

しかし、先生にはもっと違う言い方があったはずです。もしこのとき先生に「稲盛君、よく考えた。おもしろい発明工作だけど、実はこれではものの高さは測れないんだよ。こういう測量の機械をつくるには、中学で習う関数を使った計算が必要になるよ。でも、ここまで考えただけでも大したものだね」とぐらい言ってもらえれば、わたしはこの先生のもとで、もっと勉強したと思います。

いま振り返っても、子供のせっかくの創造性や努力を簡単に否定するというのは、才能を伸ばすどころか、才能の芽をつんでしまうことだと思うのです。

創造性を大切にする

わたしはここで日本の学校教育のあり方について論じるつもりはありません。わたしがみなさんに言いたいのは、創造性を大切にしてほしいということです。

みなさんが学校で学んでいることの多くが、知識の吸収やその応用であること自体は悪いことではないと思います。子供の頭脳はスポンジのように新しい知識を吸収します。そうやって、多くの知識を得ることによって成長し、社会に出ていくわけです。しかし、学校のテストなどの成績評価では、どうしても習った知識をどれだけおぼえることができたか、という面だけで判断されがちです。

それでは、こうしたテストの成績がいい人は、それで人生がずっとうまくいくのでしょうか。わたしは学校の成績の良し悪しよりも、その後の人生においては、学校で学んだ知識をいかにうまく生かしていくかという、創意工夫が大事になってくると思うのです。

知識を記憶するということは、その人のたいへんすぐれた能力の一つの側面です。しかし、それがすべてではないはずです。大切なことは、吸収したたくさんの知識をどう生かしていくかということ、つまり創造性です。

もちろん、知識吸収型の才能がすべて悪いと言っているわけではありません。しかし、知識とは、すでにわかっていることであり、それだけでは新しい時代を切り開くことはできません。知識や情報にもとづいた創造性こそが実際の社会では必要なのです。

戦後の日本、もっと言えば明治以降の日本は、知識に偏った教育を続けてきました。

そして天才は生まなくても、多くの秀才を生んできました。そのような日本の教育は、欧米から知識を吸収し、それによって日本全体の水準を上げていく段階では、相当な効果をあげてきました。

わたし自身の小学校、中学校、高校、大学時代を振り返ってみても、その間に受けてきた教育は、教えられた知識をどれくらい記憶しているかを競い合い、それによって成績や生徒の能力が評価されるものだったように思います。

しかし、これから訪れるであろう新しい時代は、過去の繰り返しや前例を参考にするだけでは太刀打ちできなくなるはずです。わたしはそのような予測がつかない時代においては、習った知識をどれだけ記憶しているかということだけで、優秀とか劣っている、という評価を下すのではなく、その知識をいかに活用するかということに力点を置いた教育が必要だと思うのです。

京都賞で感じる創造性の差

わたしは「稲盛財団」という組織を運営しています。この稲盛財団では毎年すぐれた研究成果をあげた科学者たちに対して「京都賞」という国際賞を差し上げています。わたしのつくった京セラは、社会の多くの方々の支えがあって発展しました。その京セラの大株主であるわたしは、はからずも多額の資産を持つようになりました。そのことに対してわたしは感謝し、これまでお世話になってきたことへのご恩返しのような思いでつくったのが、二〇〇四年で二十回目を迎える京都賞です。

この京都賞は、第一部門は先端技術、第二部門は基礎科学、第三部門が思想・芸術という三部門から成っています。すばらしい業績に加えて、その高邁な人格も評価された受賞者が受け取る賞金は一人五千万円で、京セラがつくったエメラルドやルビーが輝くすばらしいメダルも一緒に贈っています。

この京都賞は世界の国際賞の中でも、ノーベル賞に勝るとも劣らない評価を受けている賞で、世界中の幅広い分野の科学者が目標としています。

その受賞者がどのように決まるのかというと、毎年、日本だけでなく海外へも数千通にものぼる推薦依頼状がその分野の専門家に送られて、候補者が推薦されます。それを専門委員、審査委員、京都賞委員という三段階のふるいをかけて、一年がかりで審査し、受賞者が決まるのです。

その京都賞を受賞する科学者のほとんどは、世界に先駆けて創造的な成果を上げた人ばかりで、ほとんどはアメリカなど海外の人たちです。日本の賞なのだから、日本人がたくさん受賞するだろう、と思われるかもしれませんが、公平な審査の結果、受賞する方は外国人がほとんどなのです。

この京都賞の選考結果を見ても、わたしは日本の教育ではいかに創造性が育ちにくいか、ということを実感してしまいます。欧米、特にアメリカは、創造性の点では日本など問題にならないほど傑出した才能を生み出しています。事実、審査委員である日本の第一級の先生方も、口をそろえて「残念ながらアメリカ人の創造性は、日本人とは比べものにならない」と言われます。

京都賞で感じる創造性の差

京都賞の授賞式典（じゅしょうしきてん）

京都賞受賞者に贈（おく）られるメダル

自分の人生目標を考える

わたしが思うのは、アメリカの子供たちは日本の子供たちと比べて、高校までは自由にのびのびと、人間性を養うような教育を受けてきたのではないか、ということです。

その期間は、彼らにとっては「何かをしたい」という意欲、つまりその人の人生目標をゆっくりと考えるためのものではないか、と思います。

そして、目標を見つけた彼らは大学に入り、その達成に必要な基礎学問を猛烈に勉強し始めるのです。実際にアメリカの学生は目的意識をしっかり持っていて、その目標と関連づけた学問を集中的に勉強しています。

その点、日本の学校では子供に対して、自分の人生目標をどのように設定するか、ということを説いていません。

しかし、人生の入り口においては、「自分はどういう人間なのか」、「人生をどう生きたらいいのだろうか」といった、その人自身の可能性を考える機会、時間がどうしても必要なはずです。この経験を持った人と、持たなかった人とでは、その後の人生においてはかなりの差がついてしまうと思うのです。

二十一世紀に入り、今後日本では、このような明確な目的意識にもとづいた創造性は、さらに必要となってくるでしょう。それは日本という国が島国で、アメリカのような大国と比べると明らかに資源に恵まれていないからです。

日本はこれまで知識をたくさん学び、それを生かしてハイテク技術を駆使しながら、世界でもっともすぐれた工業製品を安く大量生産し、それを他の国へ輸出することで発展してきました。しかし、今後、日本の製造業の生産拠点は安くモノがつくれる発展途上国に移っていくでしょう。そうなると日本に残された資産は人材だけです。創造性にあふれた人材をどう生かしていくかということが、本当に大事になってくるわけです。

わたしが心配するのは、若いみなさんが創造性を伸ばすことを怠ってしまうと、将来にいずれ日本は知識を使うことさえできない人間ばかりの国になってしまう、ということなのです。

いまならまだ間に合います。ぜひとも自分の創造性というものに目覚め、それを意識して伸ばしてください。また、若い人たちを導く先生方も、ぜひ子供たちの創造性を高めていく教育を実践してほしいと思います。

日本という国の将来を考えるとき、いまの若いみなさんや子供たちが、すばらしい独創的な力を発揮する人間に育ってくれることを心から期待しています。

小学校の勉強からやり直せますか?

学校には成績がいい人も悪い人も、さまざまな生徒がいます。わたし自身は小学校時代は学校の勉強に興味がわかず、予習、復習どころか宿題もほとんどやらないで遊び回っていたために、卒業するころの通知票の成績はさんざんなものでした。

ところが一年間の尋常高等小学校生活をへて中学に入ってからは、まじめに勉強に取り組みました。苦手の算数は小学四年ぐらいから、つまり基礎の部分からやり直しました。

それは、基礎がぐらついている土台に大きな建物をつくることはできないと考えたからです。基礎づくりというのは地味な作業で、つい面倒だとかつまらないと思ってしまいがちです。ましてや三年も前に小学校で勉強した算数を中学に入ってからやり直すというのは馬鹿馬鹿しい、と思う人が多いのではないでしょうか。

ですが、わたしは自分で、なぜ数学が苦手なのかをよく考えてみて、それは根本がわかっていないからだということに気づき、小学校からやり直してみようと思ったのです。この小学校時代にまでさかのぼって算数をやり直したことは、わたしのその後の人生を大きく変えました。実際に不得意だったはずの数学は得意科目になり、理系の大学に進学することになって、ひいては今日の京セラというハイテクメーカーをつくることにもつながったからです。

早稲と晩稲

人間にも早稲と晩稲(注)、つまり発達の早い人とそうでない人があると思います。学校の勉強においても、早稲の人の場合、早い時期から良い成績を出せるようになるわけですが、晩稲の人は、早稲の人が良い成績を上げている段階ではまだ力を十分に発揮しきれず、成績も悪くて落ちこぼれてしまう、ということもあると思うのです。

それはたいていそれまで基礎的な勉強をろくにやっていないために、勉強したいと思っても基本がわかっていないからだと思います。

実はわたしが中学に入ってから、小学四年生の算数からやり直そうと思ったのも、このように「晩稲でそれまでの勉強に遅れてしまった人間でも、小学校や中学校時代の内容にさかのぼって、もう一度やり直せば、ドーンと成績が伸びるのではないか」と考えたからです。

アメリカの場合だと、そういう晩稲のタイプの人間にも、大学で勉強し直す道が開かれています。

一方、日本では、中学校くらいまでの成績で、後の進路まで、すべてが決まってしまいがちです。しかしわたしは、もし成績が良くなくても、あきらめずにいまからでもいいから努力をするべきだと思います。

みなさんの中にも、「自分はいくら頑張っても成績が良くならない」とやる気をなくしている人がいるかもしれません。しかし実際には、そのような人の中にも、学校の授業や勉強で、小学校や中学校時代に習った大事な部分が抜けてしまっているために、一生懸命授業を聞いてもよく理解できない、という人が多いのではないでしょうか。「成績が悪い」と悩んでいる人は、ぜひ一度基本に立ち返って、やり直してみたらいいと思います。

「そんなアホらしいことができるわけない」と思う人もいるかもしれませんが、そのような地道な努力こそが、後に花開くのです。実際にわたしは、そうすることで成績を上げ、今日の自分をつくり上げました。

これからの社会を背負っていかれるみなさんも、いまからでも決して遅くはありません。回り道だと思っても、ぜひ原点に返って基礎から勉強をやり直すことをおすすめします。

なぜ、道徳を意識してほしいのか

若い青少年のみなさんがこれから多くのことを学んでいく上で、もう一つ忘れてはならないことは、人間性を高めるということです。

後でもう少し詳しく述べますが、人柄が良いとか人間性が良い、ということは、人間として一番価値が高いものです。少しぐらい知識があるとか創造性が豊かである、ということよりも、もっと大事なのは人間性なのです。

学校に通っているみなさんはよくわかると思いますが、いじめやいじわるをする生徒がいる教室は、他の生徒にとって居心地は良くありません。社会に出ても、他の人の悪口ばかりを言うような人ばかりでは息がつまります。

逆に、人柄がいい人ばかりがいて、みんながお互いを助けあうような学校や会社なら、毎日が楽しく過ごせるはずです。わたしは、みなさんにそういう人柄のいい人間を目指してほしいのです。

わたしのアドバイスを受けて、自分も創造力をつけよう、創造性を高めよう、と頑張ってくれる若い人がたくさん出てこられることを期待します。しかし、自分自身の創造性を伸ばすことに努力しながら、一方で他人のことは無視して、自分勝手にやり放題というのでは決してうまくいきません。

そのために必要なのが、「道徳」を学ぶことです。同時に人間性を高めていくことが不可欠なのです。

いまの学校では、道徳教育の時間はほとんどありませんし、日ごろの生活でも道徳という言葉が聞かれなくなりました。道徳という言葉には堅苦しいイメージがあるためか、何となく遠ざけてしまう人も多いことでしょう。実際にいまの若い人たちが、道徳について考える時間を持つことは、プライベートを含め、ほとんどないのではないか、と思います。

しかし道徳について考え直すことは、これからの日本にとって本当に大事なことだと思うのです。

というのは、歴史を見てもわかると思いますが、その国や社会で生活する人たちの道徳に対する意識が薄れてくれば、その国は荒廃し、治安が悪化していき、結局国力もおとろえていくからです。逆に道徳について意識が高い国は、たとえそのときは経済的に貧しくても、国民がみんなまじめに努力しますから、将来必ず大きく発展していきます。

現実に、いまの日本は大きな曲がり角にあります。

戦争に敗れ、多くの都市が焼け野原になった日本は、その後、国民みんなが力を合わせて一生懸命働くことで驚異的な発展を遂げることができました。

とくに産業の発展が著しく、自動車の分野でも、電気製品の分野でも、日本の企業はたいへんすぐれた技術や製品を生み出し、世界経済の発展に大きな貢献を果たすまでになりました。今日の高度情報化社会、コンピュータ社会がつくられていく上でも、日本が大量に生産、提供している高性能の電子部品が大きな貢献を果たしています。

また、その製造業の発展にともない、金融や流通などのサービス業も大きく成長してきたわけです。

このように、戦争で敗れた日本は、国民全員がまじめに必死になって努力し、世界から「奇跡の復興」と呼ばれるほどの経済発展を遂げ、現在は小さな島国でありながら世界第二位の経済大国になっています。この間の日本の発展を支えたのが、国民一人ひとりの勤勉性、向上心、モラルであり、そのベースにあるのが、道徳なのです。

日本の社会を荒廃させてはいけない

では、その道徳とはどういうものでしょうか。

言うならば、道徳とは、生きていくための善悪の判断基準となるものです。

戦争で敗れた日本が、すぐれた技術を生かした製造業で復興を果たしたのも、働く人たちの間に、そのような人間としての正しい考え方に裏打ちされた熱意や向上心、忍耐力があったからです。ただ技術力だけがあっても、それを活用する人間の心が道徳心とかけ離れたものであれば、汗水たらして一生懸命働くはずはありません。ですから、世界との競争に勝てるわけもないのです。

わたしが非常に心配しているのは、戦後の日本の教育においては、日本の発展を支えてきた、そのような道徳や倫理といったものを子供たちに教えてこなかったことです。そのことが、戦後五十年以上たった現在の日本に、大きな傷跡を残していると思います。

実際に、いまの日本ではかつては考えられなかったような凶悪事件が毎日のように発生し、青少年の犯罪も増え、社会は荒廃の一途をたどっています。それは、経済的には豊かになった半面、われわれ日本人の心が貧しくなってしまったからだと思うのです。その心の豊かさをつくるのが道徳なのです。

道徳の根本にあるのは善悪の基準であり、悪いことをしてはいけないという、人間にとってはごく当たり前のことから始まります。

このような人間として基本的な生き方のルールを学校や家庭で教えることもなく、避け続けていては、道徳という言葉が、やがて死語になってしまう時代が来るかもしれません。

そのような社会では、人々の頭の中から善悪の意識がほとんどなくなってしまいます。そうなると、多くの人が、これまでは悪いことだと誰もが思っていた、強盗や殺人を犯す人間がつぎつぎと現れても、「まあ、別にたいしたことではない。毎日のようにあることだし、みんなやっていることだ」とすまされる、おそろしい地獄のような社会になりかねません。

野生の動物の世界でも、さまざまなルールがしっかり決まっています。それは長い年月をかけて彼らが獲得してきた自然の知恵だと思います。それを破ると、自分たちや自分たちの子供が生き延びていけないことを本能的に知っているのかもしれません。

人間の社会でも、そうした最低限のルールを学び、守らなければ、個々人が好き勝手なことをするようになるでしょう。そうすれば社会はさらに荒廃し、社会環境も自然環境もますます悪化し、いずれ人類そのものの存続も危うくなると思います。

たとえいますぐ道徳教育を始めたとしても、その子供たちが大人になるには、二十年は待たなければなりません。その間、日本人の道徳心が次第に薄れていくとなれば、わたしはおそろしくてなりません。もう一刻の猶予もないという気がします。

「そうありたい」と思うこと

では、いまこの本を読んでくださっているみなさんは、道徳について、どのように意識すればいいのでしょうか。

道徳というと、一見厳しくて、堅苦しいものを連想しがちですが、わたしが考える道徳とは、人間として正しいことを貫くということです。「うそをつくな」「正直であれ」「人に迷惑をかけるな」「人にはやさしくせよ」といった当たり前のことであり、世界のどこでも通用する普遍的なものです。そのような人間として基本的なものであるからこそ、多くの人々の善悪の基準となるのです。また素朴で自然な道徳であるからこそ、二十一世紀の世界で通じるような包容力のある道徳になると思うのです。

たとえば男の人がきれいな女の人を見て、「あんな人から好かれたい」と思うのは、人間としてごく自然な感情です。それを戦前の修身教育のように、よくない感情としてむりやり押さえつけることは、人間らしい道徳とは思えません。むしろ、そのような恋心は、自分を高めてくれるものだと認めるような道徳であってほしいと思います。

そのような人間に本来備わった道徳心の中で特に大切なのは、相手を思いやるという心です。「人の役に立ちたい」とか、「世のため人のために何かしたい」と思うような道徳がいまの世界には一番必要なのです。

もちろん、人の痛みが理解できる人間でありたいとか、世の中のためになりたい、と心で思っていても、すぐにそれができるようにはならないかもしれません。しかし、大切なのは、「そうありたい」と思い続けることなのです。「そうありたい」と思って努力すれば、いつか必ずその思いは実現されるはずです。

これからの世界を背負って立つ若いみなさんには、こうありたいという、人間としての理想の姿を描き、それに向かって努力をしてほしい、少なくとも努力をしようと思い続けてほしいと思います。そうすれば、あなた自身の人間性も高まり、あなたの未来も人類の未来も必ず、もっとすばらしいものになるはずです。

…………

＊早稲と晩稲＝早稲は一番早く実る稲。晩稲は成長や成熟が遅い稲。

第五章

不運にへこたれるな

「人生では能力よりも熱意と考え方のほうがずっと大事です。たとえ能力が劣っていても、一生懸命に努力を重ね、人々のために何かをしたいと考える人の方が、能力に優れているものの、努力もせず、人間として誤った考え方を持った人よりずっといい結果が出ます。ちょっと能力が劣っているからといってあきらめてはいけません。ひたむきな努力と正しい考え方はきっとあなたを大きく育ててくれます」

――――（稲盛和夫）

人生の目的は美しい心の人間になること

わたしは京セラという会社をつくり、四十数年かかって大きな会社に育ててきました。後につくった第二電電も、現在はＫＤＤＩというたいへん大きな会社になっています。また、わたしはいろいろな大学から名誉博士号をもらったり、多くの団体や国から賞や勲章もいただきました。しかし、わたしは偉いのか、というとそうではありません。また、世の中で一般に偉いと言われている有名な人が本当に偉いわけではないのです。

人生の目的は、いい人間になることにあります。いい人間というのは、美しい心を持った人です。美しい心とは、思いやりの心です。わたしはこの「思いやり」こそが大切だと思っています。

この思いやりということを言い換えれば、それは「優しさ」です。優しい心、思いやりの心、美しい心を持った人になることが人生の目的なのです。いくら大会社の社長になろうと、何億、何十億円のお金を持っていようと、それは人生の目的という意味では何の価値もありません。その人がどのくらい人間として立派な人になったか、ということにこそ価値があるのです。そのために、この自然は、この宇宙は、また神様は、われわれにいろんな試練を与えるわけです。その試練とは、災難や不幸だけでなく、成功することもそうなのです。

若いときの挫折と試練は自分を磨く糧に

わたしは若いときに、多くの失敗と挫折をくり返してきました。一方で、若いときに成功を収め、順風満帆の人生を送るかに見える人もいます。

たとえばベンチャー企業の経営者の中には、若くしてすばらしい会社をつくり、株式を公開して、まだ三十代なのに億万長者になった人がいます。あの人は本当に幸せだな、と多くの人が思うかもしれません。しかし、その成功もその人にとっては試練なのです。

神様はその人に、そういう成功体験を与えてみて、その人間がどう変化していくのかを見ておられます。

若くしてお金持ちになり、地位ができてしまうと、人間はいつの間にか傲慢になり、ぜいたくをするようになります。そうすると、いずれそのツケが回ってきます。まじめに一生懸命努力し、少しのお金も無駄にしないようにしたことで成功できたのですが、いざ成功を収めると、あまり真剣に仕事をしなくなり、趣味や遊びなどに時間やお金を使うようになる。また、少しの成功を鼻にかけ威張り始める。そうすれば、成功もつかの間、あっという間にせっかく得た財産や地位までも失ってしまい、かえって悲惨な運命をたどるものです。

あの人がもし、あのとき、あんな成功をしなければ、もっとまともな人生であっただろうな、ということはいくらでもあるのです。

神様が与えた試練と向き合う

わたしにも似たような経験があります。以前、わたしの郷里の鹿児島で行われた小学校の同窓会に「稲盛君も出席してほしい。お前が出ると楽しい会になるから」と言われて出席したことがあります。

同窓会に出てみると、小さな店を自営している人もいれば、サラリーマンを勤めあげて定年を迎えた人など、いろんな人がいました。わたしはたまたま世間一般でいう成功者となったものですから、子供のころに一緒に遊んでいた友だちが、わたしと会うのが楽しみだ、と大勢集まりました。

再会を楽しんでワイワイ話をしているときに、当時級長だった人がわたしに言ったのです。彼は、わたしが落ちた鹿児島一中に行ったのですが、彼が鹿児島一中の制服を着て登校しているときに、わたしとすれ違ったことがあるというのです。彼は、そのときわたしがにらみつけたと言いました。

「稲盛君がさもうらめしそうに僕をにらみつけたのがいまでも忘れられない」と彼は言うのですが、わたしには記憶がありません。しかし、そんなこともあったかもしれないな、と思いました。当時のわたしは「中学を受けてもすべるし、何で、自分はこんなに運が悪いのだろう。どうしてこんな目に遭わなければならないのか」と思っていました。ですから、頭も良く、いい学校にも行けた彼のことを、うらやましいなと思っていたに違いありません。

しかし、彼からよく話を聞いたところ、彼は鹿児島一中に行った後、家が空襲で焼かれたのをきっかけに、グレてしまったそうです。当時は戦争孤児が多く、街にはいろんな悪い連中がいたのですが、その群れに入って、いろんな悪さをし、その後の人生もうまくいかず、「これではいけない、と気づいて勉強し直し、今日までに至った」と話してくれました。子供のころの彼の小さな成功が、彼のその後の人生を少し狂わせてしまったのです。

このことからわかるように、若いときにいいことがあっても決しておごらず、また、災難や大きな挫折があっても、へこたれてはいけないのです。それは神様が与えてくれた試練なのです。神様はわたしたちに災難や幸運を与え、それを糧にして、これからの人生を生きなさい、と言っているのです。だから大切なことは、失敗にしろ、成功にしろそれをどういうふうに受け取るかということなのです。試練を真正面から受け止めて、それをバネにさらに努力を重ねていくことが、自分をつくっていくということなのです。

試練の中で自分を磨いた西郷隆盛

わたしは、「人間は、生まれたときは原石のようなものであり、後から磨き上げることで、はじめて光り輝く宝石のような、すばらしい人格者になることができる」と考えています。

それでは、どのようにして、自分を磨いていけばいいのでしょうか。そのとき参考になるのが、明治維新で重要な役割を果たした西郷隆盛です。

西郷隆盛はわたしが大好きな歴史上の人物です。その西郷さんは子供のころは「ウド」というあだ名の、目立たない子供だったといいます。ところが、後には勝海舟をはじめとする幕末の偉人たちからも尊敬されるほどの人格者になり、明治維新というまさに歴史的な偉業をなしとげています。

この西郷さんは、人生でさまざまな試練を経験しています。若いときには親友のお坊さんと一緒に死のうとばかりに、鹿児島の海に身を投げました。ところが結果的に西郷さんは生き返って、親友だけが死んでしまいます。このことで、西郷さんは悩みます。

さらに、西郷さんには殿様の怒りを買って島流しにされたことが二度もあります。とくに二度目の島流しは沖永良部島という鹿児島から遠く離れた島で、閉じ込められた狭い牢獄には風雨が直接吹き込み、たいへん悲惨な生活を強いられました。

しかしその逆境の中でも、西郷さんは古典を学び、自分を何とか高めよう、と努力をおこたりませんでした。苦難に耐えて、そして苦労を自分の成長の糧として、人格を磨く努力をひたむきに続けたのです。その後、許されて島を出た西郷さんは、立派な人格と、すぐれた判断力、先見力を備えた人物に成長しており、人々の信望を集め、そして明治維新の立て役者となっていったのです。

この話をみなさんに紹介したのは、この西郷隆盛の人生が「試練」に出会ったときに、どう行動すべきかということを教えてくれるからです。苦難にぶつかったときに、打ち負かされて世をすね、人をうらむような生き方を選ぶのか、それとも西郷さんのように、ひたむきに努力を重ね、苦労を乗り越えていくのか、ここに人間として成長できるかどうかの分かれ目があると思います。

苦難に対しては真正面から立ち向かい、努力を重ねる、また成功に対してはおごらず、さらに真剣に努力を重ねる。そのようにして人生の多くの試練に向き合うことによってのみ、人間は大きく成長していくことができるのです。

中村天風さんの生き方

中村天風という哲学者がいます。明治の終わりから大正にかけて青少年期を過ごされた人で、もう亡くなっておられますが、インドでヨガの修行をされ、悟りを開いた方です。その天風さんはお父さんが大蔵省（現・財務省）の紙幣を印刷する責任者で、いわゆるインテリの家庭で育っています。

ところが天風さん本人は手に負えないくらいのヤンチャなガキ大将で、ケンカも滅法強く、中学校のときには友だちとケンカをして相手が死んでしまうという不幸な事件があり、そのために学校は退学になりました。

その天風さんは日本とロシアの戦争が始まるというときに、スパイになって満洲に出て行きました。このとき天風さんは、わずか十六歳です。そして満洲を舞台に暴れまくります。

仕込み杖一本を手に、満洲の馬賊との闘いを演じるような剣の達人で、どんな大男に出会っても引けをとらない、殺しても死なないような暴れん坊だったそうです。その人が日本に帰国して二十歳のときに、結核で死にかけます。あの暴れん坊が、と言われていた天風さんが青瓢箪のようになって、何度も肺から血を吐き、苦しむようになってしまったのです。

このままでは死んでしまうというときに、天風さんはアメリカやヨーロッパに渡り、「人生とは何なのか」を自らに問う旅に出ます。死ぬ前に、自分の人生をもう一度見つめ直してから死にたい、という思いから旅に出たわけですが、その帰路に、エジプトの港でカリアッパというインドのヨガの聖人と出会います。

「お前は日本人だな。胸に大きな空洞ができて、いまにも死にそうで、日本に帰って死のうと思っているな。こんな外国で死んではならない、という気持ちで日本に帰ろうとしているな。しかしお前はまだ死なない。わたしの後についていらっしゃい」

そう言われて天風さんはそのまま聖人についていくのですが、連れて行かれた所はインドのヒマラヤの山中、そのカリアッパという聖人の住居がある場所で、天風さんはそこで修行を始めることになります。

修行というのは座禅です。座禅をして悟りを開いていくのです。そして天風さんは見事に悟りを開かれ、結核もいつの間にか治って、日本に帰ってこられました。その後は銀行の頭取をはじめとして、たくさんの立派な仕事をされて大成功をおさめられました。

その天風さんは晩年に銀行の頭取だけでなく、すべての職、地位を投げ捨てて辻説法を始めました。「人生は過去にどんなことがあっても、心一つですばらしい人生を歩める」ということを多くの人に教えたいと、時間帯を決め、東京の街角でとおりすがりの人に人生を語り始めたのです。

「この宇宙はどんな人にも平等に、すばらしい豊かな未来を保証しています。いまはどんな逆境にあっても、どんな不幸に遭遇していても、あなたの未来には輝くようなすばらしい幸運が待っています。それを得ることができるかどうかは、あなたの心次第です」

「自分の未来には輝くようなすばらしい幸運が待ち受けていることを信じなさい。そして人をうらんだり、ねたんだり、世の中をすねたり、そういう暗い思いは一切持ってはなりません。明るく自分の人生を見つめなさい。希望を燃(も)やしなさい。きっと自分の人生にはすばらしい幸運が待ち受けていると信じて、それを少しでも疑(うたが)ってはなりません。それを信じて自分の人生を歩みなさい」

「人生は自分がどう受けとめるかでまったく違ってきます。たったそれだけのことなのに、人はそれを知らない。知らないために、みんなが迷(まよ)っています。だからみんなつまらない人生を送っているのです。たったそれだけのことを信じて生きていけばすばらしい人生が開けるのです」

天風さんは一生をかけてそのことを説いて歩かれました。

天風さんのことを知ったのはわたしが三十代のころでした。なるほどすばらしい生き方、考え方であると感心し、わたしも天風さんの本を一生懸命読み、人生について多くのことを学ぶことができました。そして、天風さんが教えているように、人生とはその人の心の持ち方で、つまり人生に対する考え方で大きく変わると確信(かくしん)するようになりました。

人生の結果は熱意と考え方で大きく違う

これから自分の道を切り開いていこうとしている若い人たちに、ぜひ伝えておきたいことがあります。それは天風さんが説くように、人生というものは、正しい考え方をもって努力する者が報われるようにできているということです。このことを、わたしは次のような方程式をつくって、説明しています。

「人生の結果＝能力×熱意×考え方」

この方程式は、平均的な能力しか持たない人間がすばらしい人生を送る方法はないだろうかという問いに、わたしが自らの体験を通じて答えたものです。

この方程式で最初にくる「能力」というのは、あの人は頭がいいといったものだけではなく、運動神経が発達しているとか、元気であるとか健康であるといった、身体的な能力も含めたもので、多くは生まれつき備わっているものです。

「自分は勉強もしてこなかったし、やってもできなかったから、あまり能力はないだろう」

と思っている人もいるでしょう。わたしも中学受験をすべり、大学受験でも落ち、就職のときもいい会社には入れませんでした。だからわたしの能力は高くないのかもしれません。

しかし二番目の「熱意」というのは自分の意志で決められます。だからわたしは、誰にも負けない努力をしようと思いました。能力はさほど高くないかもしれないが、熱意だけは誰にも負けないものを持とう、と思ったわけです。頭がいいからと努力をしない人よりは、頭は人並みでも、やる気だけは誰にも負けないぐらいのものを持とう、情熱を持とう、と思ったわけです。

プラスの考え方を持てば、すばらしい人生がある

そして三番目の「考え方」です。中村天風さんが言われたように、人生というのは、わたしたちがどう考えるのかによって決まってきます。絶対に自分の将来は不幸だと思ってはなりません。自分の未来にはバラ色の幸運が待ち受けていると信じることが大切です。

希望を燃やして明るく人生を歩むべきです。天風さんも言っていたように、自分にはすばらしい未来が待っていると思って生きていくと、それだけで人生はうまくいくものです。

天風さんは、この「考え方」こそが、人生で一番大事だと話しておられます。たったそれだけが人生であるとまで言っています。なのに、みんなこのことを知らない。そのために、迷って迷って、ロクでもない人生を歩いている、と仰っています。わたしも、まさにそのとおりだと思います。ですからこの方程式にも、もっとも大事なものとして「考え方」を入れているのです。

さて、その方程式について、もう少し詳しく説明しましょう。人生は「能力」、「熱意」、「考え方」、この三つの要素のかけ算です。能力の評価をゼロから百点までと考えて点をつけた場合、頭がそれほどよくない人は、平均よりも下の三十点だったとします。そのかわり、人よりも何倍も働こうと思っていれば、その熱意は九十点となり、三十×九十で二千七百点になります。

一方、頭がよくて能力が九十点の人がいたとします。その人は頭がいいものだから一流大学に行くことができます。しかし、そのために「他の頭の悪い人のような働き方をするのはあほらしい。学校に行っていない、頭の悪い奴が馬車馬のように働けばいい」と思っていたとすれば、熱意は十点ぐらいでしょう。そうすると九十×十で九百点にしかなりません。

能力ではいかに優れていても、努力を怠る人よりは、自分には能力がないということを自覚して、誰よりも情熱を持って努力した人のほうが、はるかにすばらしい結果を残すことになります。

そして「考え方」にはマイナス百点からプラス百点まであるのです。世の中をすねて、ひがんで、うらんで生きていると、これはマイナスの考え方になります。マイナスをかけると、人生の結果は全部マイナスになってしまいます。

仮に能力が優れていて、なおかつ熱意が強くても、世をすね、世をうらみ、まともな生き様を否定するような生き方をすれば、能力や熱意がある分だけ、人生の結果は大きなマイナスとなるのです。しかし、すばらしい考え方を持ち、人生を前向きに明るい心で生きていこう、というプラスの考え方をすれば、多少能力が劣っていようと、すばらしい人生の結果を得ることができるのです。

人工骨での挫折と老師の言葉

人生の「試練」ということでは、わたしはこんな経験をしたことがあります。

多角化の一つとして、一九七二年(昭和四十七年)に京セラは医療分野に進出しました。ファインセラミックスを使った人工歯根、人工骨の開発です。人体に金属を使うと拒絶反応が出てしまうため、ファインセラミックスならどうだろうか、と大阪大学の先生からアドバイスを受けたのです。

わたしは、自分が若いころから研究してきたファインセラミックスが人々の健康に役立ち、医療の進歩に貢献できるならば、これほどすばらしいことはない、と思い、大学の協力も得て、まず人工歯根の開発に成功し、七八年には厚生省(現・厚生労働省)から認可も受けました。同時並行で開発していた人工骨、人工関節も、やがて厚生省から認可が下り、医療分野の事業も軌道に乗ってきました。

ところが、一九八五年(昭和六十年)に思わぬ事態が起こったのです。ある整形外科の

ファインセラミックスの技術を活かした人工骨・人工関節と人工歯根

先生から「京セラはファインセラミックスを使ってすばらしい股関節を開発した。次はひざ関節をつくってもらえないか」と頼まれました。京セラの担当者は「厚生省の認可が必要なので待ってほしい」と話をしたのですが、「股関節はすでに厚生省の認可が下りているし、患者が強く希望されている。また、責任は自分たちが持つからぜひともお願いしたい」と言われて、人助けのためなら、と応じたのです。

しかし薬や医療器具についての法律である薬事法では、同じ材料を使った人工骨、人工関節でも、新しい形状やサイズでつくるときには、個別に認可を受ける必要があるのです。そのため、結果的には認可を受ける前に販売したということになったのです。この事件は新聞などで大きく取り上げられました。会社を創業して二十五年、急成長してきた京セラにとって、世間から非難を受けたのははじめてのことでした。

患者の方々のために、と思ってやったことでしたが、その部門は法律を踏み外したことにより、一カ月の操業停止処分を受けました。

この事件のときに、わたしの気持ちを救ってくれたのは、心の師である西片擔雪管長猊下からの貴重な教えでした。西片管長猊下は臨済宗妙心寺派の頂点に立つ高僧でありながら、わたしの俗っぽい相談に、今でも耳を傾けてくれるお坊さんです。当時は京都の南にある円福寺というお寺のご老師をつとめておられました。お寺を訪ねると、いつもお抹茶をたててくださり、その間、わたしが会社のことなどを勝手に話すという時間をいただいていました。このときもマスコミにいろいろ書き立てられてたいへんな目に遭っている、と話しました。

そうするとご老師は「それはしょうがありませんな、稲盛さん。苦労するのは生きている証拠です」とおっしゃいました。なぐさめてもらえるものと思っていたら、意外なことを言われたのです。

「災難に遭うのは過去につくった業(注)が消えるときです。業が消えるのですから喜ぶべきです。どんな業があったのかわかりませんが、その程度のことで業が消えるならお祝いせんといかんですな」

この言葉はわたしが立ち直っていく上で、最高の教えになりました。世間からの批判も「神が与えたもうた試練」と素直に受けとめることができたのです。

仏門に入る予定日が、胃ガンの手術日に

先ほどもふれたように、人生の目的は人間をつくることにあります。人間をつくるということは、美しい心を持った人間になることです。美しい心とは、優しい思いやりの心を持った人のことを言います。お金があろうと地位があろうと、謙虚さを忘れ、威張っているようでは、人生の目的から大きくはずれてしまうので、決していい人生を送れたとはいえません。本当に立派な人とは、優しく美しい、思いやりの心を持った人なのです。数々の試練を克服して、そういう心を持った人間になること、それこそが人生の目的です。そういう心になっていけば、必ずすばらしい人生が開けていきます。

わたしはこのように、人生の目的は美しい心を持った人間になることだと思っていますから、六十歳になれば、心を静かにして、あらためて人間について勉強する時間を持ち、できれば宗教の本もたくさん読みたいと思っていました。死という魂の旅立ちをする前に、自分の心をつくっておこう。できればお寺に入り、お坊さんのまねごとをしてみたい。

そのようにかねてから考えていたのです。

それがいざ六十歳になってみると、仕事が忙しくて、とてもそうした時間はありませんでした。そして、あっという間に六十五歳になりました。自分の命がいつまで続くのかはわからないけれども、こうして忙しいままに仕事を続けていたのでは、お寺で勉強することなんてとてもできないな、と思うようになりました。

そして今度こそは、いよいよお坊さんになろうと考えて、お寺の方ともそういった話を具体的に進めさせていただきました。そして先ほども述べました、わたしがたいへん尊敬している西片擔雪ご老師にお願いして、円福寺でお坊さんになるための得度式を行い、修行させていただくことにしたのです。

ちょうどそのような計画を立てているときに胃ガンであることが判明して、お寺に入る予定日が手術の日になってしまいました。

手術で胃の三分の二を取ってもらったのですが、その後がうまくいきませんでした。最近では胃ガンで胃を摘出することは、昔ほどたいへんなことではありませんが、わたしの場合は運が悪いことに手術が失敗に終わり、人の倍も入院先で苦しむことになりました。

やっと退院できたとき、この機会を逃してはならないと、頭もきれいに剃ってお坊さんになりました。また短い期間ですが、お寺で修行もしました。

そのとき西片ご老師からは、「あなたにとっては、社会に出て、そこで役立つことが仏の道でしょう」というお言葉をいただきました。その後わたしは経営の第一線を退き、先ほど紹介した稲盛財団の運営や若手経営者の指導、さらには恵まれない子供たちのための施設の建設など、できるだけ世の中で役に立つような仕事をしたいと考え、少しずつですが、実行しはじめているところです。

お釈迦様の説く六波羅蜜

若いみなさんがすばらしい人生をおくるために、ぜひ参考にしてほしいのが、お釈迦様の教えです。

お釈迦様は、優しい思いやりのある人間になることが一番大切だと言っておられます。

人間が修行をして立派な心になっていけば、自分が想像できないくらいすばらしい人生を歩むことができます。心がきれいになるというだけでなく、不幸も寄ってこなくなり、すばらしい人生が開けていくといわれているのです。

そのような人間になる方法として、お釈迦様は六波羅蜜（布施、持戒、忍辱、精進、禅定、智慧）という修行をするように説いておられます。

六波羅蜜という修行の最初の一歩は「布施」です。お賽銭をあげることや、お坊さんにお米をあげたりすることを「お布施」と言いますが、それはもともとは他人様を助けるということです。そのように世のため人のために尽くすことが布施です。つまり、「思いやりの心」であり、「優しさ」なのです。

貧しい人がいたら、その人に何かを恵んであげようという優しさ、思いやりを持って、自分の持っているものを少しでも分けてあげる。そのようにして、まず、世のため人のために一生懸命施しをすることが大事です。

布施、あるいは寄付のような活動は、お金が余っている人たちがすることだ、と勘違いしておられるかもしれません。お金がなくても、他人様のために尽くす、また尽くそうと思い、自分にできることにつとめるだけでいいのです。この布施が心を磨き、すばらしい人生をおくるための第一の修行となります。

人間は三つの毒を持っている

次は「持戒」です。持戒というのは戒律を守ることです。お釈迦様は、人間として、してはならないことを戒律として教えておられます。それでも、われわれは不幸にして、やってはならないことをしてしまうことがあります。そんなときは、素直に反省をして、二度とそのような間違いを起こさないように心がけることです。

やってはならないことをついやってしまう、あるいは罪を犯してしまうのは、人間が肉体を持っているからです。つまり、人間には食欲や性欲といった本能がありますが、これは生きていくために必要不可欠なものである半面、人間を利己に駆り立てるやっかいなものです。

そしてその本能と同じく人間に備わっているのが、煩悩です。お釈迦様は、煩悩は百八つあり、その中でも貪、瞋、痴、つまり貪欲、怒り、愚痴（不平不満）という、「三毒」がもっとも手強いものだと言っておられます。

たとえば会社を自分でつくって必死に頑張ったことで、何とか成功することができた経営者がいるとします。自分の思い描いていた事業がうまくいき、成功して会社も大きくなってくると、さまざまな判断を迫られます。

そういうとき、何を基準に判断すべきでしょうか。人間には知性や理性があるので、ものごとを考えることができるのですが、判断を迫られたとき、そうした知性や理性よりも、本能的なもの、つまり自分にとって損か得かといった損得勘定や、好きか嫌いかといった感情とか、自分がいつも中心でありたいという自己顕示欲などが頭をもたげてきます。

立派な会社の社長でも、こうした本能や感情でものごとを決めてしまうことが、実のところかなりあるわけです。そして、もしそれでたまたま成功すると、どんどん天狗になって、煩悩の中の三毒がもっともっと広がっていきます。三毒が塊となって、その人を支配するようになるのです。こうして、謙虚さを失って、自分だけが良ければいい、という利己的な人間になってしまい、周囲の協力が得られなくなり、結局会社もうまくいかなくなってしまう。煩悩の三毒がその人の人生を狂わせてしまうのです。

わたしは事業の世界で生きてきましたから、会社経営の話をたとえにしましたが、三毒、つまり欲望、怒り、不平不満の三つが、その人の心を支配したときには、経営だけでなく、どんな人生でも多くの間違いを引き起こしてしまいます。この本を読まれているみなさんも、これまで自分がやってはならないことをしてしまい、後悔をしていることもあるかと思います。その原因をつきつめれば、それはおそらくこの煩悩の三毒に行き着くと思います。

お釈迦様は持戒、つまり戒律を守ることを通じて、この三毒を抑えることの大切さを説いておられるわけです。

人間をつくる

心を磨くためにお釈迦様が説いておられる六波羅蜜の修行の「布施」、「持戒」の次にあるのは「精進」です。

人生は一生懸命努力をしなければなりません。何をやるにも怠けずに一生懸命努力しなさい、ということをお釈迦様は「精進」という言葉で教えてくださっています。実際に禅寺では、掃除をしたり、農作業をしたりすることも、修行だとされています。座禅を組むだけではなく、そのように働くことを通じて心を磨いていくことが大事である、とされているのです。つまり、この「精進」は誰よりも努力する、怠けてはならない、ということです。わたしは、それは一生懸命に学ぶこと、また働くことだと話しています。最近の日本では昔のように、勤勉であることは尊いという考えが少し薄くなってきています。

たとえば、働くことは生活するためのお金を稼ぐためだ、と考える人が増えてきたように思うのです。しかし、一生懸命に働くことで人間の心は磨かれる、ということを、これからの社会を背負っていく、若いみなさんにはわかってほしいのです。

そのときに、たいへん参考になるのが、江戸時代に活躍した二宮尊徳です。

二宮尊徳は幼いころに両親を亡くし、伯父さんの家に預けられました。朝から夕方まで田畑で働きながら、夜、灯明をともして勉強していましたが、伯父さんから灯りの油がもったいないと叱られ、勉強したいのに勉強できないという不遇の少年時代を過ごしました。そして成長した後も、朝は朝星、夕は夕星をいただくまで、田畑に出て懸命に働き、豊かな村をつくり上げました。

やがて、そのことを伝え聞いた大名たちから、領内にある貧しい村を救ってほしいと頼まれ、彼はつぎつぎと貧しい村を豊かで富める村へと変えていきます。

二宮尊徳は、晩年には幕府に登用され、江戸城に登城することになったそうです。鋤一本、鍬一本をかついで、生涯を田畑で暮らしてきた二宮尊徳が裃(注)をつけ、居並ぶ大名たちの中、殿中(注)に上がったとき、「あたかもどこの諸大名かと思えるような立ち居振る舞いで、彼が発する言葉は、生まれながらにして貴族のようであった」といいます。

このように鋤一本、鍬一本で朝から晩まで農業をしてきただけの二宮尊徳がすばらしい人間に成長したということは、働くということ、一生懸命に努力をするということが、人間性を高めていくのだということを、明確に示しているとわたしは思います。美しくすばらしい魂にしていくためには、一生懸命に働く、つまり「精進」ということが一番の近道になるのだということを、二宮尊徳を通して、ぜひ若いみなさんにも理解していただきたいと思います。

さて、六波羅蜜の四番目は「忍辱」です。これはどんなつらい境遇にあっても耐え忍ばなければならないということです。「自分だけがなぜこんな目に遭うのだろう」と世をうらんだりするのではなく、その苦しさに耐えることが心を磨く修行なのだということです。

忍辱という漢字の意味は「辱めを忍ぶ」ということです。人生においては、人から侮辱されることも、けなされることもあります。そういうときには、人の心を惑わせる煩悩の三毒の一つである怒りが心を支配してしまいがちです。しかしそうなってしまえば、人間はえてして大きな間違いを起こしたりするものなのです。

だからお釈迦様は、侮辱されることがあっても、辱めを受けることがあっても、耐え忍びなさい、と教えておられるわけです。現在、どんなつらい境遇にあろうと、厳しい環境にあろうと、それに耐え、ひたむきに努力を続けることが、心を磨くことにつながるのです。

人生は、いいときばかりではありません。若いときに苦労する人もいれば、歳を重ねてからそうなる人もいます。そのような人生の苦難に耐えることが人間をつくっていくのです。

六波羅蜜の修行の五番目は、「禅定」といいます。

毎日少しの時間でも心を静かにして、自分の行いについて振り返ること、それがお釈迦様の説かれる六波羅蜜の禅定です。

人生というのは波瀾万丈です。いいことや悪いことがつぎつぎとやってくるために、人間の心は揺れ動きます。その揺れ動いてしまう心を鎮める時間を持つようにとお釈迦様は説いておられます。

ぜひみなさんも、毎日少しでもいいので、この禅定をしてみてください。一日に一回でいいから、心を静かに保つ、そうすることで心が磨かれるのです。

そして六波羅蜜の六番目は「智慧」です。これまでの五つの修行をすれば、真の智慧、つまり宇宙の真理に至ることができるというのがお釈迦様の教えです。

「布施」「持戒」「精進」「忍辱」、「禅定」、「智慧」。お釈迦様は、二千五百年も前に、この六つのことをしっかりと行えば、人生はすばらしいものになっていく、と説いておられます。若いみなさんも、ぜひこの六波羅蜜を学び、自分を磨いていただきたいと思います。

……………………

＊業（ごう）＝この世に生まれてくる前の世での悪い行いのむくい。
＊裃＝江戸時代の武士（ぶし）の公式な服装（ふくそう）。
＊殿中＝江戸城の中の将軍（しょうぐん）がいるところ。

第六章

心をつくる

「スポーツの世界でも実業の世界でも若(わか)くして成功するのはすばらしいことです。しかし、人間は成功すると有頂天(うちょうてん)になって努力をしなくなります。ましてや若いときの成功はその危険性(きけんせい)を多分にはらんでいます。若いあなたは、もしいま満ちたりているとしても、謙虚(けんきょ)にさらに努力を続けてください。そうすることで、あなたの心は高まり、人生もよりすばらしいものになっていくはずです」

（稲盛和夫）

九十分を走り抜く

京セラは、地元京都のサッカーチームである京都パープルサンガ（以下、パープルサンガ）を支援・運営しています。このチームは京都市民の署名運動もあって誕生したのですが、これまでの運営資金の大半を京セラが出し、わたしも経営に参加しています。

これまでの日本のサッカーチームでは、成績が悪いと、シーズン終了後に選手の多くを入れ替えるというのが一般的でした。パープルサンガも以前はそのような傾向が強いチームでした。

わたしはサッカーでは素人ですが、そのように、ただ人を入れ替えて補強するというのではなく、長い時間をかけても、いい選手を育てていくチームでなければならないと思い、現在経営にあたっています。

チームにはユースから上がってきた選手、あるいは高校、大学を出て新人として入ってきた選手など若い選手がたくさんいます。そういう人たちを立派に育てて、優秀な選手にしていくべきだと、わたしはパープルサンガの社長にも監督にも伝えています。

わたしは、選手だけではなく、監督自身も選手と同じように、このチームでいろいろな経験をし、一緒に苦労をしながら成長していくようなサッカーチームでなければならない、と考えています。そのように、気持ちが通じ合った監督や選手が心を一つにして、勝利をめざしていくようなチームにしたいのです。

しかし、会社として長い時間をかけてチームを育てていく方針があるにしても、怠けるような人は残すつもりはありません。残っていく選手はよく練習する人、努力する人です。なぜなら、必死で努力する人間しか伸びていかないからです。

テレビで見ていても、実際にスタンドで見ていても、気を抜いている選手というのはすぐにわかります。たとえば自分の近くにボールがないときに、ただ下を向いて漫然と動いている選手がいます。

試合中はいつロングパスが飛んでくるかわからないわけですから、サッカー選手はつねにボールに神経を集中していなくてはならないはずです。ロングパスが飛んできて、ハッとわれに返ってうろたえる姿ほど見苦しいものはありません。

天皇杯を制した京都パープルサンガ

京都パープルサンガの選手たち

神経を集中しなければならない、といってもせいぜい九十分間です。そのくらいの短い時間、ボールに集中できないような選手が大成するはずがありません。プロであればなおさらのこと、ボールがどこにあっても、いつ飛んできてもいいように、つねに神経を張りつめていなければならないはずです。

また、サッカーを見ていていつも思うのは、後半七十分か八十分を過ぎてからが、勝負の大きな分かれ目になるということです。これは敵も味方も疲れ果てたときに、どのくらい全力疾走でボールを追うことができるかで勝負が決まるということだろうと思います。

そのため、わたしは選手が試合中の九十分あまりの時間を、気を抜かないで神経を集中しているかどうかを見ています。大事なのは一生懸命やっているかどうかです。わたしはシュートの正確さや、走るスピードに多少問題があっても、ひたむきに一生懸命にやっている選手であれば、チームに残していこうと思うのです。そういうひたむきな人は必ず大成します。人生というのはそういうものです。神様が与えてくれた才能が少々足らなくても、努力に勝る天才は決してないのです。

もちろんプロの世界ですから、技量が人並みよりも劣るというのでは残ってもらうわけにはいきません。しかし若干才能が劣っていても、努力をする人こそをわたしは大事にしていきたいと思うのです。そういう人は、毎日毎日努力をしていますから、人間的にも技術的にも大きく成長していくものです。

Jリーグには、高校や大学のサッカーで立派な成績をおさめた若者が入ってきます。みんな若いときから注目されていた青年ばかりです。しかしそういう人たちの中にも、自分は優秀だ、技能があるのだ、と鼻にかけてあまり練習もせず、数年後には使いものにならなくなったというような選手が多くいます。人間は天狗になってしまうと努力をしなくなり、見る見るうちにもともと持っていた能力までも失ってしまうのです。

パープルサンガに入ってきた選手も、若くしてプロになったわけですから、みんなスター選手になりたい、と思っています。わたしもそのような若者が、パープルサンガで必死になって頑張ってくれて、「パープルサンガの〇〇」と言われるようなすばらしい有名選手になってほしいと願っています。

そのためにも、わたしは選手たちに、試合中の九十分間だけは神経を集中して頑張ってほしいといつも厳しく言っているのです。

真の勇気を持つ

また、スポーツでも人生でも闘争心が大事です。しかし、それは反抗的なひねくれ者がもっている闘争心とは違います。本当にガッツのある人間というのは、上司や先輩の意見をよく聞いて、自分の足りないところを素直に直していける人間です。

本当に闘争心を持ち、勇気がある人というのは、ふだんはおとなしくて素直なのに、いざ試合になれば、死にものぐるいで戦う闘志を持った人です。仕事にせよサッカーにせよ、そういう素直な心と真の勇気を持った人が伸びていくのです。

この勇気ということで、少し紹介したい話があります。大場満郎さんという、世界ではじめて北極と南極の両方を単独で徒歩横断した人がいます。この方が南極を横断するにあたって、機材提供の依頼があり、第二電電がその申し出をお受けしたことがあります。

その後しばらくして、南極から無事に帰ってきた大場さんがわたしのところにお礼に来られました。わたしは彼に「北極を横断したり、南極を横断したりというように、何度も冒険に挑戦しておられる。本当に勇気がおありですね」と言いました。

そうすると大場さんは「いいえ、わたしには勇気なんてありません。実はわたしはたいへん臆病なのです」と言うのです。

大場さんによると、勇気に満ちあふれているような冒険家は、みんな冒険の途中で失敗してしまい、臆病でなければ生きて帰れない、と言うのです。その話を聞いてわたしは、冒険も会社経営も技術開発もみんな同じだ、と思いました。それは、何かことをなす人は、臆病なくらい慎重にものごとを進めている人、またいざというときに備えて周到な準備をする人であるということです。

人間の価値は心で決まる

さて、わたしはこのパープルサンガの選手たちにも、この本でくり返し述べているように、口を酸っぱくして「人間の価値は心で決まる」ということを話しています。

プロのサッカー選手としての人生というのは、せいぜい三十歳過ぎぐらいまでです。三十過ぎというのはサッカーの世界ではベテランかもしれませんが、人生ではまだまだ青二才にすぎません。最近は寿命も伸びてきて、多くの人が八十歳ぐらいまでは元気に生きていけるようになりました。

サッカー選手として活躍してきて、三十歳過ぎにプロの世界から身を引いた人の人生は、八十歳の寿命までは、後五十年もあるのです。パープルサンガの選手をはじめ、若いプロスポーツ選手が自分の長い人生について、どのくらい意識しているのかわかりませんが、後々の人生において、若いときに選手として活躍したことが良かったと思えるようなサッカー人生にしていただきたいと思います。

なぜ、わたしがそのようなことを言うかというと、若いときの成功があだになって、後の人生を狂わせてしまうことがよくあるからです。優秀な選手であれば二十代の若さでちやほやされ、少なくても一千万円、高ければ三千万円、四千万円といった給料をもらっていることでしょう。

三千万円、四千万円の年俸というと、日本では一流企業の社長の年収です。そんなたいへんな収入を若いときに手にしたら、本人がよほどしっかりしているか、親御さんが管理するといったことがなければ、人間としての生き方を大きく狂わせることにもなりかねません。

たとえ才能があっても、同世代の普通の人の十倍も二十倍もの年俸をもらうことで人生が狂ってしまっては意味がないのです。

ですから、そのような才能に恵まれている人ほど、人生とはどのようなものか、いま自分はどういう生き方をしなければならないか、ということを真剣に考えてほしいのです。

仕事に打ち込み、人間をつくる

若くして成功したプロのサッカー選手が選手生活を終えた後、どういう人生を送ることになるのでしょうか。

サッカー界に残ってコーチや監督をする人もいるでしょうが、みんながそうなれるわけではありません。多くの人が三十歳を過ぎてから、プロスポーツの世界から足を洗い、一般の会社勤めをしたり、商売を始めたりすることになります。

そうやってはじめて一般の社会に出たときに、一番大事なことは何でしょうか。それは、決してサッカーの才能や実績ではないはずです。

たとえサッカー選手として非常に優れていたとしても、選手を引退した後も天狗のままで威張っているような人生を送れば、マイナスにはなってもプラスにはなりません。当たり前のことですが、社会においては、サッカーが上手だということに、意味はないのです。それよりも、もっと大切なことは、その人の人間性です。つまり、あの人はすばらしい人だから一緒に仕事をしたい、ついていきたいと思われるような人間性こそが、もっとも大切なことなのです。

わたしの後を引き継いで、京セラの会長をやってくれているのは、伊藤謙介さんです。伊藤さんは、わたしが京セラを立ち上げる前にいた松風工業でファインセラミックスの研究をしていたときに、岡山の高校を卒業して、わたしの研究室に入ってきて助手を務めてくれた人です。

松風工業はたいへん貧乏な赤字会社だったため、研究助手といっても、大学の研究室のように、白い実験着を着て格好良く仕事ができるわけではありません。あまり研究設備もない汚い研究室で、セラミックスの粉にまみれながら、伊藤さんはわたしの研究開発を手伝ってくれたわけです。

いまでもよくおぼえているのは、その会社でわたしがつくったファインセラミック部品が、松下電子工業のテレビ向け部品として採用されたときのことです。貧乏なために、いい製造機械は買えませんでした。

そのときに伊藤さんは中古の手動のプレス機械を使って、朝から晩まで、そのテレビ向け部品のプレスをしてくれました。伊藤さんは身体が小さかったのですが、手で動かすプレス機械で、毎日ベンチプレスのようなことをやるわけですから、この力仕事で一カ月もしないうちに筋骨隆々の体型になりました。

そういう肉体労働者のような力仕事をして、わたしを助けてくれていた伊藤さんが、「自分は高校を卒業して働いているけれども、夜間大学に行かせてほしい」と言ってきたことがありました。このとき伊藤さんは実際に、同志社大学の夜間部に合格していたのですが、わたしは「大学になんて行かなくてもわたしが教えてあげるから」と言って、同志社の夜間に行くのをやめさせ、会社の仕事を続けてもらいました。伊藤さんはその後もずっと、本当に一生懸命仕事に打ち込み、すばらしい能力を発揮し、すばらしい人間性を備えた人物になりました。

京セラという会社には、世界中に五万人以上の従業員がいます。その中には、日本や米国の一流といわれる有名大学を卒業して、幹部になっている人もたくさんいます。

そういう中で伊藤さんは、高校しか出ていなくても、リーダーとして多くの人から尊敬され、すばらしい仕事をしているのです。また京セラには、伊藤さんだけでなく、地方の工場に行けば、中学や高校しか出ていなくても事業部長などの大事な仕事をこなしてくれている人がたくさんいるのです。

では、どうしてそのような人が、いい仕事をしているかというと、それはその人たちの人間性ができているからなのです。すばらしい人間性が多くの人を魅きつけ、集団を率いているのです。

それではそのようにすばらしい人間性を持った人になるには、どうすればいいのでしょう。

それは、単純なことです。この本で何回も述べているように、仕事に打ち込み、地味な努力を際限(さいげん)もなく続ければいいのです。

頭がいいとか、いい大学を出ているといったことより、身を粉にして人知れず苦労を重ねることで、「人間ができてくる」のです。スポーツの世界でも、苦労を重ね、困難を克服(こくふく)してきた人は、人間として非常に魅力(みりょく)のある人になっています。苦労をするということ、難儀(なんぎ)(注)をするということが、人間をつくっていくのです。

ですからパープルサンガの選手にも、「最初はあまり目立たなかったけれども、五年間、一生懸命頑張った、いや、十年間耐(た)えてきた、というサッカー選手であれば、たとえ選手としては大成しなくても、必ず人間として成長し、社会ではリーダーとして成功できるようになるはずだ。だから練習であれ、何であれ、つねに全力を尽(つ)くしてほしい」と言っているのです。

賢い青年が辞め、鈍な青年が残った

わたしが京セラをつくって以来、たくさんの新入社員が入ってきました。京セラができてまもないころは、こちらが入ってほしいな、と期待するような優秀な人はなかなか応募してきません。しかし、ときにはたいへん気の利いた賢そうな青年も入ってきました。

そういう青年と実際に一緒に仕事をしてみると、期待していたとおり利発で、将来は京セラを背負って立ってくれるのではないか、あるいは技術者として大成するのではないか、と思うことが何度かありました。

その一方で、タイプとしては鈍な方で、いかにも賢くなさそうな人も入社しました。そうした人は指示を出しても反応が鈍く、こういう青年は将来も伸びないだろう、と思えました。

ところが、前者の見るからに利発な、いずれは会社を継いでくれるようになればいいな、と思うような青年は、何年もしないうちに、京セラを辞めてしまうのです。

「なぜ、辞めるんだ」と引き留めても、賢くて利発なだけに「京セラという会社には、あまり将来性がないと思います」と、先が見えているとでも言いたげな言葉が返ってきます。ところが見た目はちょっと鈍で、普段は気も利かないし将来もあまり伸びないだろうな、と思っていたような青年に限って、辞めずにいつまでも頑張っているのです。わたしは、そのような、一見鈍に見える黙々と勤めている人たちのことは、「どこにも行くところがないから、うちの会社に残っているんだ」と思っていたのです。

ですからわたしは「いい人材が来ないし、すぐに辞めてしまうから、うちのような会社は立派にはならないんだ」と考えていました。多くの新入社員の顔を見ながら、わたしは内心でずっとそう思っていたのです。

一つのことを継続することで愚鈍な人が非凡になる

ところが四十数年たってみると、若いころは愚鈍そうに見えた人が、実はすばらしいリーダーに育っているのです。

青年時代は愚鈍そうに見えた人が、一つのことを長い間、頑張って続けているうちに、優秀な人に成長していたのです。

わたしはそういった人に対して、以前「ああいうタイプの人間では伸びないだろう」と思っていたことを、たいへん恥ずかしく思います。また、そのように思っていたことについては本当に申しわけなかった、と謝りたい気持ちです。

現在の京セラには一流大学を卒業した優秀な人材がたくさん入社してくれるようになりました。しかし、いままで京セラで重役をつとめてくれた人たちの中には、高校しか卒業していない人たちもたくさんいました。そういう人たちが人間的に大きく成長し、リーダーとして社員の先頭に立って、会社を発展へと導いてくれたのです。

つまり、継続は平凡な人を非凡に変えるのです。

いろいろな分野で名人・達人と言われるような人も、そうなるまでに、地道な努力を続けてきたはずです。最初から賢くて、気が利いていて何でもできるという天才が多くいるはずはありません。一つのことに飽きもしないで、生涯を通じて努力をしてきた人たちが、やがて名人・達人と言われるようになっていくのだと思います。

中小企業で怒鳴られながらやっていけるか

人間の心というのは、そのように一つのことに打ち込んで、磨き込まなければ立派になりません。磨くということは苦労を重ねて頑張るということです。人間ですから、何をやるにしても、ついつい怠けたいという気持ちが心の中にもたげてきます。その怠けようとする気持ちを克服して、自分を鍛えていくことが、心を磨いていくことになります。そのようにして人間ができてくれば、ちやほやされてきたスポーツの世界を去り、普通の社会人になっても、立派に通用するのです。

Jリーグのみならず、プロのスポーツ選手として、二十代で三千万円、四千万円という高い報酬をもらっていた人も、三十過ぎれば引退せざるを得なくなります。そのような人が、中小企業に行っても、月に二十万円の給料がもらえればいいほうでしょう。そして仕事では、上司からしょっちゅう怒鳴られることになります。

ところが、若いころから選手としてちやほやされて、プライドだけが人一倍高く、苦労を十分に知らない人は、何度か怒られているうちに、「アホらしい。こんな中小企業では働いていられない」と辞めてしまうことでしょう。辞めて別の中小企業に行ったところで、同じような体験をするわけですから、どこも勤まるわけはありません。

現役選手時代に人間をつくった人であれば、そういった中小企業に勤めることになっても、そこの社長が経営に苦労している姿を見て、「社長、わたしにできることでしたら何でも手伝いますよ」という気持ちになれるはずです。そういう人間性ができていれば、毎日の苦労で気が立っている中小企業の経営者とも、「一緒にやっていこう」という信頼関係を築くことができると思います。

そうやって一生懸命仕事に打ち込めば、その会社も見る見るうちに立派になっていくことでしょう。そして、その人が重役になることもあるかもしれません。

一方、安い給料で中小企業に勤めるのは馬鹿馬鹿しいと考え、自分で事業をやる場合はどうでしょう。レストランでもやろうか、と思っても、人間ができていなければ成功するはずがありません。レストランで一番大事なことは、お客さんに頭を下げることです。どんなに忙しいときでも、笑顔でお客さんのどんな注文にも応えていかなければなりませか。また、人件費を節約するために、自分で皿を洗うような仕事もしなければならないかもしれません。

プロのスポーツ選手としてそれまで脚光を浴びてきた人間にとって、お客さんに頭を下げ、汚れた皿を洗うということは、なかなかできないでしょう。しかし、もし若いときに数多くの苦労を重ね、逆境を経験し、人間ができていれば、過去の栄光とはきっぱりと縁を切り、新しい環境の中で再び必死に努力をしていけるはずです。

ですから、わたしはパープルサンガの選手たちが、サッカーを辞めて新たに長い人生を歩んでいく場合にも、パープルサンガですばらしい人間性を育むことができた、と言えるようになってほしいとつねづね言っているのです。サッカー選手を辞めた後も、中小企業に勤めても、レストランを経営しても、まわりの人たちから愛され、パープルサンガの選手は、どの世界に行っても通用する、と社会から認められるようなチームにしたいのです。それが若い人たちを預かったわたしの責任だと考えています。

他人を思うことの大切さ

これまでわたしは、運命は自分の思いと努力で変えることができる、それまで不運な人生であったとしても、善いことを思い、善いことを実行することで、良い方向に変えることができるとくり返し述べてきました。

では、善き思いとはどういうものでしょうか。

「利己」と「利他」という言葉があります。あの人は利己主義だ、と言われる人は、他人がどうなろうと、自分だけが良ければそれでいい、という人間のことです。

「利他」の心、というのは、この利己主義とは反対のものです。何かをする場合に、自分の欲望を満たすためにやるのではなく、自分以外の人のために努力する、これが利他の心です。たとえば、人間は自分の夢が実現できるように、神仏に祈りを捧げ、お願いごとをします。これは自利、つまり自らの目的の実現を願う行為です。それはそれでいいことだと思います。しかし、同じ祈りでも、少し進歩した祈りになってくると、「病気のお母さんを助けてあげてほしい」といった願いごとになります。これは肉親のために祈る行為であり、自分のためだけに祈る願いごとよりも、利他に近づきます。

さらにその上には、友人のために、会社のために、社会のために、国家のために、そして人類のために、という、まさに利他的な祈りがあると思います。

こうして祈る対象を拡げていくと、その願いごとは、自分のためよりも他人のために祈るという性格に変わってきます。自利の祈りではなく利他、つまり自分以外の人を思いやる祈りに近づいていきます。

「お金持ちになりますように」、「健康でありますように」と祈っていた人が、「世界が平和でありますように」と祈るようになれば、自利の祈りは利他の祈りに変わるわけです。

この利他の心の大切さを、若いみなさんに、よく理解してもらいたいのです。

地獄にいる人、極楽にいる人

わたしたちは日々の生活の中で、どうしても自分の損得や勝ち負けにこだわった行動をとってしまいがちです。つまり利己にとらわれ、つい自分のことだけを考えてしまうのです。しかし、そのような心を持った人ばかりですと、最近の日本のように、いくら豊かになっても世相は荒れたものになってしまいます。わたしはこれからの世の中を良くしていくためにも、「利己にとらわれることなく、自己犠牲を払ってでも相手に尽くそうという、利他の心を大切にしていこうではありませんか」と、たくさんの人に言い続けています。

他人を思いやる心、利他の心がいかに大切かをわかりやすく説いた、次のような仏教の教えがあります。

あるとき、お寺の修行僧である雲水が、そこのお寺の老師に聞きました。

「あの世には地獄も極楽もあるといわれていますが、本当にあるのでしょうか。また、そこは一体どんなところでしょうか」

老師はこう答えました。

「もちろん、あの世には地獄も極楽もあります。もっとも、お前が思っているほどの違いはありません。見た目は地獄と極楽はまったく同じ世界です。違っているのは、そこに住んでいる人の心だけです。地獄には自分のことしか考えない利己的な人が住んでおり、極楽には思いやりにあふれた利他の心を持っている人が住んでいるのです」

雲水はさらに尋ねました。

「心が違うというだけで、なぜ地獄と極楽に分かれるのですか」

これに対し、老師は次のようなたとえ話をしました。

厳しい修行に明け暮れる雲水にとっては、うどんは一番のごちそうなのですが、部屋の真ん中に置いてある大きな釜に、そのおいしいうどんが煮えていて、つけ汁も置いてあるとします。

ただ食べ方のルールは決まっていて、一メートルくらいの長い箸で、しかもその端を持って食べなければなりません。地獄も極楽も、ここまではまったく同じです。つまり釜の大きさも、その釜を囲んでいる人数も一緒で、そこにいる人の心だけが違っているのです。

「そこでどういうことが起こるか、想像してみなさい」と老師は問いました。

お腹が空いているときに、おいしそうなうどんを目の前にして「さあ、みんな食べてもいいよ」と言われれば、一体どんなことが起こるのでしょうか。

地獄では、そこにいる人は、一メートルの箸でうどんをつかむやいなや、自分のそばにあるつけ汁につけようとするわけです。ところが、箸が長すぎて自分の口には入らない。反対側からは、こいつに食われてたまるかと、人の取ったうどんを箸で引っ張る。こうして阿鼻叫喚(注)の図が出現するのです。釜の周辺にはせっかくのうどんが飛び散って、結局、誰も一口も食べることができず、人は餓鬼道(注)に走ってしまう、これが地獄です。

ところが、極楽には思いやりにあふれた人たちだけが住んでいます。そこでは「うどんができましたよ。みなさん、いっしょに食べましょう」、「それでは頂戴します」と言うと、箸で釜の中のうどんを取り、「はい、あなたからどうぞ」と箸を伸ばし、つけ汁につけて、向こう側の人に食べさせてあげるのです。前に座っている人も、「ああ、おいしゅうございました。今度は、あなたがどうぞ」と言って、その人にうどんを取ってあげる。うどんは少しもこぼれないし、誰もが穏やかに食べることができる。人々は手を合わせて感謝しながら食べています。

「これが極楽だよ。しかし、外見は地獄と何も変わらない」と、老師は雲水に教えるのです。

「お先にどうぞ」「いえ、あなたからどうぞ」

この話が示しているように、心のあり方次第で同じこともまったく違った結果をもたらすのです。この話に出てくる極楽のように、みんなが思いやりを持って、利他の心でものごとをとらえることができれば、すばらしい社会が築けるはずなのです。

思いは必ず実現する

いま一度、みなさんに「思い」、あるいは心の大切さについてお話ししたいと思います。

現代社会には、近代科学が生み出した自動車や電気製品、パソコンなど、さまざまな便利な物があふれています。こうした物質文明は、人間の「あれが欲しい」「こういうものがあったらいい」という「欲望に根ざした思い」がもたらしたものです。このような物質文明が近代社会で突出して発展した結果、社会は調和を欠き、荒廃してしまったのではないかとわたしは思います。そうであれば、社会を調和に満ちた、より良いものにするためには、「善き思い」に根ざした精神文明を発展させることが必要になるはずです。

「善き思い」が「良い結果」をもたらすという真理は、みんな漠然とはわかっていました。

中国には「積善の家に余慶あり」という古い言葉があります。善きことを思い、良いことを積み重ねている家には、必ずいいことがあるという意味です。陰徳(注)を積むことによって幸せが来る、ということです。こういう教えが社会で長く語り継がれてきているのは、昔から「善き思い」が「良い結果」をもたらすことを、人々がわかっていたからです。

そうであるにもかかわらず、いまは、現在の物質文明をつくり上げた「欲望に根ざした思い」と比べると、「善き思い」が強く意識されることはありません。

それは、善きことを思ってから、良い結果が生まれるまでに、長い時間がかかることが多いからだと思います。つまり、善きことを思い、善きことをしていても、良い結果が出るには時間的なズレがあるのです。それは一カ月、二カ月の場合もあるし、一年後、二年後、または十年後、二十年後のこともあります。

一方、物質文明を発展させてきた「欲望に根ざした思い」は、具体的な目標が描かれ、それを実現していくわけですから、わかりやすいものです。

そのため、長い間、物質文明と比べ、純粋な精神活動の追求は軽く見られてきました。

しかし、いま「欲望に根ざした物質的な思い」がアンバランスなまでに大きくなったことによって、逆にこれまで実感しにくかった純粋な精神活動の大切さが、若い人たちの間でも少しずつ意識されるようになってきているのではないかと思います。

それは、たとえば、環境問題やボランティア活動など、社会を少しでも良くしようという活動に対する若い人の関心の高さをみてもわかります。わたしは、こうした傾向は、世界の明るい未来を暗示するものとたいへんうれしく思っています。

「宇宙の意志」と「善き思い」

わたしは、そのような人間社会をよりよい方向に導く「善き思い」とは、言いかえれば、「利他の心」だと思っています。さらに表現を換えて言うと「世のため人のため」に尽くすという精神だと考えています。そして、そのような利他を日々実践することは、人間の本質を発揮することでもあると思うのです。なぜなら、人間は本来、人のために役立ちたいという利他的な行動をとるものだからです。そして、この宇宙全体にも「他によかれかし」という「利他の心」、「愛」が満ちあふれているとわたしは考えています。

宇宙は、いまから百三十億年前に、ごく小さな一握りの高温高圧の素粒子の塊として生まれました。その塊が大爆発を起こして、現在の大宇宙になったといわれています。そして宇宙物理学の最先端の説明では、この宇宙はいまでも膨張し続けている、といわれています。その中で、われわれ人類は誕生し、現在生きているのです。宇宙の中で素粒子がいくつか組み合わさって原子が生まれ、その原子がさらに一緒になることで分子、高分子が生まれ、やがて遺伝子が加わることで、生命体が生まれました。また、その生命体は進化を続け、現在の人類までをつくってきたわけです。

素粒子は素粒子のままでよかったのに、また、原子は原子のままでよかったのに、なぜ、すべてのものが生成発展し、現在の人類を生み出すまで発展を続けたのでしょうか。

わたしは、宇宙にはすべてのものをよい方向へ推し進めていく「気」のようなものが流れていると思うのです。あるいは宇宙にはすべてをいつくしみ、すべてのものがよくなっていくように導く「愛」のようなものが充満しているのではないか、と思うのです。

今日の宇宙ができあがった過程を振り返ると、宇宙には無生物といえども、あらゆるものが、よい方向へよい方向へ、と進んでいく法則があるとしか思えません。これは、宇宙の意志のようなものだろうと思うのです。

わたしがいままで多くのことに悩み、考え抜いてたどりついた結論は、「人間が心の中で思い、実行することが、『宇宙そのものが持っている、すべてがよい方向に進もうとする思い』とピタリと合ったときには、ものごとはうまくいき、逆に、自分だけがよくなればいい、自分以外は悪くなってもかまわない、というような、宇宙そのものの考え方と反する『悪しき思い』を持てば、うまくいかない」ということです。

そうであれば、わたしたちは他によかれかしという、愛に満ちた利他の心を持てるように努めなければならないはずです。

人生の目的は心を磨くこと

みなさんも同じでしょうが、誰でも若いときには「自分はこんな人生を歩んでみたい」とか、「自分は将来こんな人間になりたい」といった、自分の理想の姿を心に描きます。

わたしの場合は、鹿児島の大学で勉強しているときは、立派な技術者になりたいと思っていました。すばらしい発見をしてノーベル賞をもらえるような技術者になりたい、と思ったこともあります。

京セラという会社をつくってからは、何とかこの会社を立派な会社にしよう、従業員が喜びを感じながら勤められる会社にしたい、と思って努力してきました。そして幸運にも、わたしは技術者としても経営者としても、一応の成功を収めることができました。

しかし、そのようなわたしも、いつかは死というものを迎えます。人間は、死んでしまえば、何もあの世にはもっていけません。京セラをつくった、KDDIをつくった、稲盛財団もつくった、といったところで、それがどうなるのでしょう。

それでは、何のためにわたしはこれまで必死に働いてきたのでしょうか。人生の目的とは、何なのでしょうか。何度もお話ししますが、わたしは、人生の目的とは、この世で地位や名声やお金を得ることではなく、自分の心を少しでも美しく磨いていくことだと思っています。また、そのことが、今お話しした宇宙の意志にも適うことなのです。

この世に生を受けたこと自体は、わたし自身の意志によるものではありません。そして、七十数年の人生の中で、わたしは災難にも遭い、幸運にも恵まれました。わたしは人生の目的とは、それらの試練に出会いながら、自分自身の心を磨き、魂を磨いて美しい心をつくることだったのだと、あらためて思うのです。

人間本来の「善き思い」を伸ばしていこう

わたしはこの二十一世紀は、この「善き思い」が人々の間で強く意識される時代であってほしいと思うのです。

もともと日本人はそのような「利他」の精神を伝統的に育んできた民族です。日本の気候は四季の変化に富んでいて、乾燥した砂漠やツンドラ地帯の国のように苛酷ではありません。日本人はそのマイルドな自然の中で暮らし、海の幸、山の幸に恵まれた生活を送ってきました。また同時に、周囲を海に囲まれているため、他民族との戦争はほとんどありませんでした。そういう豊かな環境と歴史が、やさしい精神構造を育んできたのだろうと思います。

あの阪神大震災のときには、被災した方々が互いに譲り合い助け合い、また日本中から多数の若者がボランティアとしてかけつけた姿に、世界中から賞賛が寄せられました。それは相手を思いやり、助け合う日本の伝統的な精神の表れだとわたしは考えています。

二十一世紀に入り、今後も物質文明がさらに進んで行くことは間違いないでしょう。しかし、その物質文明の進化に負けず、「善き思い」に基づいた精神文明をもっと発展させ、進化させていくことが必要です。その精神文明の進化にあたり、すばらしい伝統をもっている日本人は、世界で必ず中心的役割を演じることができるはずです。「善き思い」をもって生きる、また日本人がそのようにして、世界に率先してすばらしい社会をつくることができれば、必ず世界中から尊敬されるに違いありません。

日本は世界における素封家に

わたしは以前、第三次行革審という、日本の行政の改革プランづくりに参加し、その中で「世界の中の日本」部会長、つまり、世界の中で日本の役割を考える部会の責任者の仕事を引き受けたことがありました。

それ以来、わたしの中で、二十一世紀の日本は世界の他民族から尊敬される国であってほしい、という気持ちがさらに強くなりました。その具体的なわたしのイメージは、昔、日本の地方の町や村にいた「素封家」の人たちの姿です。

素封家というのは公の職についている人ではありません。かつての農村には、いまの村長にあたる庄屋さんや代官という政治権力を持つ武士もいました。

こうした人たちが地方行政の仕事についていたわけですが、その一方で、何の権力も地位もないのにもかかわらず、その人自身の人間性や器量で、実質的なリーダーとしての役割を担っていたのが素封家です。田畑を少しだけ多く持ち、教養・学問があって、何より人間性が豊かな人たちが素封家のイメージです。人柄がいいため村人は困ったことがあると、その素封家のところに相談に行き、また素封家の人も貧しくて困っている村の人を物心両面で支援しました。それでいて権力を誇示したり、威張ったりはしませんでした。

これからの日本は、世界の中で、経済大国、つまり単なるお金持ちではなく、まして軍事大国、いわば暴れん坊でもなく、利他の心に満ちた素封家のような存在になってほしい、とわたしは願っています。世界の中の素封家として日本が生きていくことができれば、日本は世界から尊敬されるような国になることができるでしょう。わたしが理想として描いている、このような日本を実現するのは、いまこの本を読まれている若い人たちです。

これまでわたしは、この本の中で繰り返し「思いは必ず実現する」ということを述べてきました。ぜひ、このことを信じて、気高い夢を描き、ひたむきに努力を重ねて下さい。そうすれば、すばらしい人生が送れるはずです。二十一世紀の日本、いや世界を担う、そのような若いみなさんのご活躍を心から期待して、筆を置きたいと思います。

……………………………

＊難儀＝苦しむこと。

＊阿鼻叫喚＝非常にむごたらしい状態。

＊餓鬼道＝人が守らなければならないルールを破ったために身体が骨と皮だけのようにやせ細り、喉も細くなり、食べ物も十分に食べることができず苦しむ状態に陥ること。

＊陰徳＝人に知られずに良い行いをすること。

[著者略歴]

稲盛和夫（いなもりかずお）

1932年、鹿児島生まれ。鹿児島大学工学部卒業。59年、京都セラミツク株式会社（現・京セラ）を設立。社長、会長を経て、97年より名誉会長を務める。また84年に第二電電（現・KDDI）を設立、会長に就任。2001年より最高顧問。一方、84年に稲盛財団を設立すると同時に「京都賞」を創設。毎年、人類社会の進歩発展に功績のあった人々を顕彰している。他に、若手経営者が集まる経営塾「盛和塾」の塾長として、経営者の育成に心血を注ぐ。

[主な著書]

『稲盛哲夫の哲学』『成功への情熱』『敬天愛人』『日本人への直言』、『心を高める、経営を伸ばす』梅原猛との共著『新しい哲学を語る』（以上、PHP 研究所）、『ガキの自叙伝』『稲盛和夫の実学』（以上、日本経済新聞社）など。

君の思いは必ず実現する

2004年 4 月23日第 1 版第 1 刷発行

著者——————稲盛和夫

発行者—————村田博文

発行所—————株式会社財界研究所

［住所］〒100-0014 東京都千代田区永田町2-14-3 赤坂東急ビル11階

［電話］03-3581-6771［FAX］03-3581-6777

【関西支社】〒530-0047 大阪府大阪市北区西天満4-4-12 近藤ビル

［電話］06-6364-5930［FAX］06-6364-2357

［郵便振替］0018-3-171789

［URL］http://www.zaikai.jp/

装幀・本文デザイン——中山デザイン事務所

印刷・製本 ————凸版印刷株式会社

ISBN 4-87932-040-4 定価表示はカバーに印刷してあります。